I0888199

Финансирование климатической политики в странах Восточной Европы, Кавказа и Центральной Азии

OECD

BETTER POLICIES FOR BETTER LIVES

Данная работа публикуется под ответственность генерального секретаря ОЭСР. Изложенные в ней мнения и приводимая аргументация могут не отражать официальных взглядов правительств стран – членов ОЭСР.

Настоящий документ и любаяые содержащаяиеся в нем данные и картаы не затрагивают статуса любых территорий и суверенитета над ними, делимитацию государственных границ и пограничных линий, а также названия территорий, городов и областей. .

При цитировании просьба ссылаться на настоящую публикацию:
OECD (2017), *Financing Climate Action in Eastern Europe, the Caucasus and Central Asia: (Russian version)*, OECD Publishing, Paris.
http://dx.doi.org/10.1787/9789264286047-ru

ISBN 978-92-64-28599-6 (печатное издание)
ISBN 978-92-64-28604-7 (PDF)

Сведения об авторах фото: см. обложку © mika48/Shutterstock.com.

Исправления к публикациям ОЭСР можно найти в Интернете по адресу: *www.oecd.org/about/publishing/corrigenda.htm*.

Предисловие

21-я сессия Конференции сторон Рамочной конвенции ООН об изменении климата (КС-21) утвердила историческое Парижское соглашение, достижение целей которого увязано с вкладом каждой страны, определенным на национальном уровне, и с использованием различных механизмов в рамках Конвенции за счет увеличения инвестиций. Важнейшим фактором этого процесса на глобальном и национальном уровнях будет решительное изменение характера финансовых потоков – с «коричневого» на «зеленый».

Настоящий отчет посвящен взаимодействию стран Восточной Европы, Кавказа и Центральной Азии (ВЕКЦА) с международными партнерами, действующими в сфере сотрудничества в целях развития, в отношении финансирования мероприятий климатической политики. В отчете анализируются возможности стран в отношении оценки готовности и повышения их готовности к увеличению объемов климатического финансирования из различных источников в будущем. Рассматриваемые в отчете страны ВЕКЦА – Азербайджан, Армения, Беларусь, Грузия, Казахстан, Кыргызстан, Молдова, Таджикистан, Туркменистан, Узбекистан и Украина. Большинство из них своевременно сообщило о своих «предполагаемых определяемых на национальном уровне вкладах» (ПОНУВ) в контексте КС-21, наряду с национальными целями в области смягчения последствий изменения климата и/или адаптации к изменению климата. Финансирование является необходимым инструментом решения задач климатической политики в странах ВЕКЦА.

Настоящий отчет подготовлен как часть проекта «Международное климатическое финансирование для региона ВЕКЦА», выполняемого при поддержке Федерального министерства окружающей среды, охраны природы, строительства и безопасности ядерных реакторов Германии в рамках Программы действий по «зеленой» экономике (GREEN Action Programme) Организации экономического сотрудничества и развития. Основная тема проекта – готовность стран ВЕКЦА находить, оценивать и эффективно использовать различные международные источники климатического финансирования. Среди прочего, отчет опирается на результаты дискуссии по вопросам международного климатического финансирования для ВЕКЦА, состоявшейся на совещании экспертов 11 июля 2016 г. в Париже.

Начиная с вводной информации, Глава 1 определяет цели документа и представляет основные рекомендации по результатам выполненного анализа. Глава 2 рассматривает ситуацию с международным климатическим финансированием в регионе ВЕКЦА в 2013-2014 годах, а Глава 3 очерчивает основные вопросы, относящиеся к доступу стран ВЕКЦА к источникам климатического финансирования и наращиванию его объемов. Наконец, Глава 4 представляет результаты странового анализа, выполненного для 11 стран ВЕКЦА в отношении международного климатического финансирования, с более подробной информацией о потоках климатического финансирования из международных источников, ПОНУВ стран, мерах политики и институциональных механизмах в странах ВЕКЦА. К страновым отчетам можно обратиться по ссылке www.oecd.org/env/outreach/eap-tf.htm. Помимо 11 страновых отчетов, при подготовке документа использовались различные источники информации, включая Систему отчетности кредиторов ОЭСР и документы по ряду проектов, которые поддерживаются партнерами, причастными к финансированию в целях развития.

Аналитическая работа и подготовка документа были в основном возложены на Такаёси Като (Директорат по окружающей среде ОЭСР), получавшего существенную помощь со стороны Нелли Петковой (Директорат по окружающей среде ОЭСР), которая, среди прочего, рецензировала документ. Работа выполнялась под общим руководством Куми Китамори (начальник отдела Зеленого роста и глобальных отношений Директората по окружающей среде ОЭСР). Авторы благодарят за помощь представителей Армении, Беларуси, Грузии, Казахстана, Молдовы, Таджикистана, Узбекистана, Украины, Европейской Комиссии, Европейского банка реконструкции и развития, Европейского инвестиционного банка, Германского общества по международному сотрудничеству (GIZ), Программы ООН по окружающей среде и Секретариата REN21, участвовавших в экспертном семинаре в июле 2016 г. Далее, серьезная помощь в подготовке документа была оказана нашими коллегами в Секретариате ОЭСР, высказавших свое мнение по тем или иным вопросам или предоставивших важную информацию: это Куми Китамори, Хуан Касадо Асенсио, Наида Кришна Моргадо, Рафаэль Ячник, Александр Мартусевич, Кшиштоф Михалак, Мариана Мирабиль и Микаэла Рамбали. Мы благодарим и экспертов из других организаций: Марко Берглунда (ЮНЕП), Маю Ералиеву (офис GIZ в Кыргызстане), Марию Фалалееву (Экопроект), Мартина Хуллина (REN21), Наталию Кушко (проект «Реформирование муниципальной энергетики» Агентства по международному развитию США), Нино Лазашвили (Грузия), Дорит Лер (GIZ), Веронику Лопотенко (Молдова), Зафара Махмадова (Таджикистан), Марту Моделевску (ЕБРР) и Лауру Вюртенбергер (GIZ). Авторы выражают благодарность Лупите Джохансон, Дугласу Херрику и Жанин Тревес (ОЭСР) за их помощь в подготовке публикации. Мы также благодарим Марию Дюбуа и Шухрата Зиявиддинова (ОЭСР), взявших на себя административную поддержку проекта.

Оглавление

Информация для читателей 9

Примечание 10

Сокращения 11

Краткое содержание 13

Глава 1. **Увеличение финансирования в поддержку климатической политики в странах ВЕКЦА** 17

Контекст 18
Предполагаемые определяемые на национальном уровне вклады (ПОНУВ) стран ВЕКЦА . . . 20
Цели и структура отчета 22
Рекомендации 23
Примечание 28
Источники информации 28

Глава 2. **Обзор климатического финансирования в контексте развития на региональном уровне** 31

Контекст и методика анализа 32
Климатическое финансирование для региона ВЕКЦА и других развивающихся стран 33
Сравнение между ВЕКЦА и другими регионами 34
Сравнение между странами ВЕКЦА 35
ВВП на душу населения и размер климатического финансирования 37
Анализ климатического финансирования на уровне отдельных секторов 39
Интеграция природоохранных и климатических соображений в финансирование в целях развития 41
Каналы финансирования 42
Финансовые инструменты 46
Источники информации 48

Глава 3. **Оценка готовности стран к освоению климатического финансирования** 53

Контекст 54
Основные аспекты «готовности» стран к климатическому финансированию 56
Примеры «программ готовности»: Таджикистан и Грузия 58
Понимание «готовности»: основные вопросы 60
Примечание 79
Источники информации 80

Глава 4. **Обзоры отдельных стран** 85

Общие рамки анализа 86
Азербайджан 88
Армения 90

Беларусь. 92
Грузия 94
Казахстан 96
Кыргызстан. 98
Молдова. 100
Таджикистан. 102
Туркменистан 104
Узбекистан 106
Украина 108
Примечания 110
Источники информации 110

Рисунки

Рисунок 2.1 Ежегодные потоки климатического финансирования в контексте развития по направлениям: смягчение последствий изменения климата и адаптация к нему. Сравнение между странами ВЕКЦА и суммарными объемами на глобальном уровне (2013-2014 гг., средние значения) 33
Рисунок 2.2 Ежегодные потоки климатического финансирования по регионам (всего и на душу населения: средние значения для 2013-2014 гг.) 34
Рисунок 2.3 Ежегодное климатическое финансирование в контексте развития и ВВП на душу населения по регионам 35
Рисунок 2.4 Ежегодные потоки климатического финансирования в контексте развития в регионе ВЕКЦА по странам (всего в год и на душу населения: средние значения для 2013-2014 гг.) 36
Рисунок 2.5 Ежегодное климатическое финансирование в контексте развития и ВВП на душу населения (по ППС). 37
Рисунок 2.6 Ежегодное климатическое финансирование в контексте развития в странах ВЕКЦА по секторам (2013 г., млн долл. США). 39
Рисунок 2.7 Доля климатического финансирования в суммарном финансировании в целях развития из двусторонних и многосторонних источников для ключевых секторов стран ВЕКЦА 41
Рисунок 2.8 Каналы, по которым предоставляется климатическое финансирование в контексте развития 42
Рисунок 2.9 Основные партнеры, предоставляющие странам ВЕКЦА климатическое финансирование в контексте развития 44
Рисунок 2.10 Климатическое финансирование для ВЕКЦА: финансовые инструменты и каналы в 2013-2014 гг. 46
Рисунок 2.11 Финансовые инструменты, используемые в регионе ВЕКЦА 48
Рисунок 3.1 Оценка готовности стран к климатическому финансированию 57
Рисунок 3.2 Суммарная первичная энергия на единицу ВВП (тонна нефтяного эквивалента на тысячу долларов США 2005 года). 65
Рисунок 4.1 Климатическое финансирование в контексте развития, выделенное Азербайджану в 2013-14 гг.. 89
Рисунок 4.2 Пять основных секторов в 2013-14 гг. 89
Рисунок 4.3 Климатическое финансирование в контексте развития, выделенное Армении в 2013-14 гг. 91
Рисунок 4.4 Пять основных секторов в 2013-14 гг. 91
Рисунок 4.5 Климатическое финансирование в контексте развития, выделенное Беларуси в 2013-14 гг. 93
Рисунок 4.6 Пять основных секторов в 2013-14 гг. 93
Рисунок 4.7 Климатическое финансирование в контексте развития, выделенное Грузии в 2013-14 гг. 95
Рисунок 4.8 Пять основных секторов в 2013-14 гг. 95
Рисунок 4.9 Климатическое финансирование в контексте развития, выделенное Казахстану в 2013-14 гг. 97

Рисунок 4.10 Пять основных секторов в 2013-14 гг. 97
Рисунок 4.11 Климатическое финансирование в контексте развития, выделенное Кыргызстану в 2013-14 гг. 99
Рисунок 4.12 Пять основных секторов в 2013-14 гг. 99
Рисунок 4.13 Климатическое финансирование в контексте развития, выделенное Молдове в 2013-14 гг. 101
Рисунок 4.14 Пять основных секторов в 2013-14 гг. 101
Рисунок 4.15 Климатическое финансирование в контексте развития, выделенное Таджикистану в 2013-14 гг. 103
Рисунок 4.16 Пять основных секторов в 2013-14 гг. 103
Рисунок 4.17 Климатическое финансирование в контексте развития, выделенное Туркменистану в 2013-14 гг. 105
Рисунок 4.18 Пять основных секторов в 2013-14 гг. 105
Рисунок 4.19 Климатическое финансирование в контексте развития, выделенное Узбекистану в 2013-14 гг. 107
Рисунок 4.20 Пять основных секторов в 2013-14 гг. 107
Рисунок 4.21 Климатическое финансирование в контексте развития, выделенное Украине в 2013-14 гг. 109
Рисунок 4.22 Пять основных секторов в 2013-14 гг. 109

Таблицы

Таблица 1.1 Основная информация об экономиках стран ВЕКЦА и уровнях выбросов CO_2 (2013 г.). 19
Таблица 1.2 ПОНУВ стран ВЕКЦА, являющихся правомочными получателями ОПР 21
Таблица 2.1 Примеры климатических фондов/финансовых механизмов (по состоянию на август 2016 г.) 45
Таблица 3.1 Примеры программ/подходов, направленных на повышение готовности стран к использованию климатического финансирования. 54
Таблица 3.2 Инструменты национальной политики стран ВЕКЦА в области смягчения последствий и адаптации к изменению климата 63
Таблица 3.3 Примеры инструментов, содействующих мобилизации климатического финансирования 64
Таблица 3.4 Инструменты, которые могут использоваться для финансирования климатической политики 68
Таблица 3.5 Используемые режимы доступа к средствам Фонда адаптации и ЗКФ. 71
Таблица 3.6 Примеры национальных финансирующих организаций в странах ВЕКЦА 76

Вставки

Вставка 3.1 Ключевые организации и их функции в отношении доступа к ресурсам Зеленого климатического фонда 55
Вставка 3.2 Национальные финансирующие организации в странах ВЕКЦА 75

Информация для читателей

Источники данных

Аналитическая работа, результаты которой представлены в отчете, опирается на различные источники информации. Информация о финансовых потоках взята из базы данных «Помощь в целях развития» (Aid Activities Database)[1] Системы отчетности кредиторов (СОК), созданной Комитетом ОЭСР по содействию развитию (КСР). Информация о целях и мерах климатической политики стран получена из доступных официальных национальных документов, прямо или косвенно связанных с деятельностью по смягчению последствий изменения климата и адаптации к нему. Кроме того, источники включают ряд документов по проектам, подготовленных организациями, которые предоставляют финансирование на двусторонней или многосторонней основе, – это члены КСР, многосторонние банки развития (МБР) и международные климатические фонды, а также некоторые участники кооперации «Юг-юг» и доноры, не входящие в КСР.

Настоящее исследование рассматривает финансовые потоки, относящиеся к деятельности, главной или существенной целью которой является смягчение последствий изменения климата или адаптация к нему. Данные о финансовых потоках берутся из СОК КСР и охватывают 2013 и 2014 годы. Эта база данных позволяет приблизительно оценить объемы климатического финансирования, направленного на решение задач в области смягчения/адаптации, которые определены Конвенциями Рио.

СОК фиксирует номинальную стоимость мероприятий на дату подписания с бенефициарами соответствующих грантовых или кредитных соглашений (оформление обязательств, а не фактическое выделение средств), поэтому возможны расхождения между информацией СОК и статистикой отдельных стран в отношении полученного ими климатического финансирования, особенно за длительные периоды. Источники информации ограничены странами, входящими в КСР, многосторонними банками развития и климатическими фондами, направляющими отчетность в СОК. Таким образом, источники информации не включают некоторых доноров, не входящих в КСР (например, Китайскую Народную Республику и Российскую Федерацию), и не охватывают финансирование со стороны частного сектора. Объемы такого финансирования, не отражаемого Системой отчетности кредиторов, в случае некоторых стран ВЕКЦА могут быть весьма существенными. КСР отслеживает и/или оценивает финансирование в целях развития, предоставленное и странами, не входящими в КСР, но по состоянию на август 2016 г. данные о климатическом финансировании на уровне отдельных программ и инициатив по таким странам отсутствовали. Далее, ОЭСР организовала «Совместный центр по мониторингу и анализу климатического финансирования из частных источников», призванный разработать методологии для фиксации и оценки частного климатического финансирования в развивающихся странах – в первую очередь, частного климатического финансирования, мобилизованного усилиями государства и гражданского общества.

Рассматриваемый период

Ситуация с климатической политикой и климатическим финансированием во многих странах развивается быстро. События и документы, учитываемые настоящим отчетом, ограничены периодом, который заканчивается августом 2016 года.

Примечание

1. Подробнее: www.oecd.org/dac/stats/climate-change.htm; информация о членах КСР: www.oecd.org/dac/dacmembers.htm.

Сокращения

CPI	Инициатива «Климатическая политика»
EC	Европейская Комиссия
GEDF	Грузинский фонд развития энергетики
GIZ	Германское общество по международному сотрудничеству, Deutsche Gesellschaft für Internationale Zusammenarbeit GmbH
R2E2	Фонд возобновляемой энергетики и энергосбережения (Армения)
SOFAZ	Государственный нефтяной фонд, Азербайджан
WB	Всемирный Банк
WRI	Институт мировых ресурсов, World Resources Institute
АБР	Азиатский банк развития
ВВП	валовой внутренний продукт
ВЕКЦА	Восточная Европа, Кавказ и Центральная Азия
ВНД	валовой национальный доход
ВСиВО	водоснабжение и водоотведение
ГЭФ	Глобальный экологический фонд
ЕБРР	Европейский банк реконструкции и развития
ЕИБ	Европейский инвестиционный банк
ЕС	Европейский Союз
ЕЭК ООН	Европейская экономическая комиссия ООН
ЗИЗЛХ	землепользование, изменения в землепользовании и лесное хозяйство
ЗКФ/GCF	Зеленый климатический фонд
КИФ/CIF	Климатические инвестиционные фонды
КС-21	21-я сессия Конференции сторон РКИК ООН
КСР/DAC	Комитет ОЭСР по содействию развитию
МАР	Международная ассоциация развития
МБР	международные банки развития
МБРР	Международный банк реконструкции и развития
МВт-ч	мегаватт-час

млн	миллионы
МФИ	международные финансовые институты
МФК	Международная финансовая корпорация
МЭА	Международное энергетическое агентство
НДС	Налог на добавленную стоимость
ННО	назначаемая национальная организация
ОНУВ	Определяемый на национальном уровне вклад
ОПР	Официальная помощь в целях развития
ОТП	оценка технологических потребностей
ОЭСР	Организация экономического сотрудничества и развития
ПГ	парниковые газы
ПОНУВ	Предполагаемый определяемый на национальном уровне вклад
ППАИК/PPCR	Пилотная программа по адаптации к изменению климата
ППС	паритет покупательной способности
ПРООН	Программа развития ООН
РКИК ООН	Рамочная конвенция ООН об изменении климата
СОК/CRS	Система отчетности кредиторов ОЭСР
ЮНЕП	Программа ООН по окружающей среде

Краткое содержание

Финансы играют ключевую роль в отношении действенного, прогрессивного глобального реагирования на непосредственную угрозу изменения климата. В 2013 и 2014 годах партнеры, работающие на двусторонней и многосторонней основе в сфере сотрудничества в целях развития, ежегодно выделяли 11 странам ВЕКЦА (Азербайджан, Армения, Беларусь, Грузия, Казахстан, Кыргызстан, Молдова, Таджикистан, Туркменистан, Узбекистан и Украина) 3.3 миллиарда долларов США на финансирование мероприятий климатической политики (смягчение последствий изменения климата и/или адаптация к нему). По сравнению с другими регионами мира и с учетом показателя ВВП на душу населения объемы климатического финансирования, выделяемого странам ВЕКЦА, представляются обоснованными.

Настоящий документ рассматривает финансирование в целях развития из международных государственных источников, предназначенное для решения задач климатической политики в развивающихся странах («климатическое финансирование в целях развития»). Он призван прояснить два основных вопроса:

- как 11 стран ВЕКЦА и их партнеры в сфере развития взаимодействуют в отношении финансирования климатической политики (смягчение последствий и адаптация) в регионе ВЕКЦА
- как страны ВЕКЦА могут определять, оценивать и расширять свои возможности в отношении эффективного использования разнообразных источников климатического финансирования в будущем.

В целом, в 2013 и 2014 гг. странам ВЕКЦА было выделено значительное климатическое финансирование, но его объемы для отдельных стран различались весьма существенно. В любом случае, все страны ВЕКЦА по-прежнему нуждаются в увеличении финансирования из международных и внутренних источников для проведения эффективной климатической политики, направленной на достижение целей стран в сфере смягчения последствий и адаптации. Хотя Парижское соглашение подчеркивает необходимость сбалансированного финансирования усилий на двух направлениях, в регионе ВЕКЦА на смягчение приходится 81% финансирования и лишь 11% на адаптацию; 8% финансирования имеет комплексный характер (и смягчение, и адаптация). Такой дисбаланс наблюдается во всем мире, но в регионе ВЕКЦА он выражен сильнее.

В 2013-2014 гг. в регионе ВЕКЦА почти половина климатического финансирования в контексте развития предназначалась энергетическому сектору, что объясняется потребностями в масштабных инвестициях для восстановления и замены стареющей энергетической инфраструктуры (как на стороне производства, так и на стороне потребления). Разнообразные стратегии и меры энергетической и климатической политики содействуют повышению энергоэффективности в странах ВЕКЦА, но энергоемкость их экономики по-прежнему значительно выше, чем в странах ОЭСР. В большинстве стран ВЕКЦА доля возобновляемой энергии в структуре энергоресурсов остается низкой. Некоторые страны разрабатывают нормативные акты и регуляторные подходы, призванные решить эту проблему, но их действие пока еще не вызвало заметного увеличения внутренних и международных инвестиций в развитие низкоуглеродной энергетики.

В большинстве стран ВЕКЦА климатическая политика в сфере адаптации разработана хуже, чем в сфере смягчения последствий, и это затрудняет для них доступ к «адаптационному» финансированию. Даже в Беларуси, Кыргызстане и Грузии, ПОНУВ которых прямо указывают на приоритетность усилий в области адаптации, на цели адаптации направляется значительно меньше средств, чем на смягчение последствий изменения климата. В странах ВЕКЦА необходимо интегрировать климатические соображения, особенно в части адаптации, в общенациональное и секторальное планирование, включая планирование, относящееся к финансированию в контексте развития. Для примера: климатическое финансирование для сельского и лесного хозяйства составляет лишь треть совокупного финансирования в контексте развития, выделяемого для данного сектора, что значительно меньше среднемирового показателя.

Как двусторонние, так и многосторонние партнеры, действующие в сфере развития, играют важную роль в климатическом финансировании в регионе ВЕКЦА: в 2013 и 2014 годах многосторонние каналы обеспечили почти две трети суммарного климатического финансирования в контексте развития. МБР в основном выдают кредиты на коммерческих условиях – этот инструмент наиболее широко используется для предоставления странам ВЕКЦА климатического финансирования. В свою очередь, двусторонние каналы и целевые климатические фонды – важный источник грантов и льготных кредитов, предоставляемых в контексте технической помощи, проектных инвестиций или софинансирования проектов, которые поддерживаются многосторонними банками развития.

Страны ВЕКЦА пока еще только начинают разрабатывать «траектории» (меры по существу и финансовые аспекты), ведущие к достижению целей климатической политики. Армения, Грузия, Казахстан, Кыргызстан, Молдова, Таджикистан и Туркменистан определили для себя более строгие задачи в отношении смягчения последствий, увязывая их с международной помощью (финансирование и технологии). При этом лишь Кыргызстан и Молдова указали в своих ПОНУВ объемы финансирования, требуемые этим странам для достижения заявленных целей. Помимо ПОНУВ, странами ВЕКЦА разработаны многочисленные нормативные акты, инструменты и документы, прямо или опосредованно относящиеся к климатической политике, но многие из них должны быть подкреплены конкретными планами имплементации и лучше согласованы между собой. Азербайджан, Армения, Грузия, Казахстан, Молдова, Туркменистан и Узбекистан определили свои технологические потребности и соответствующие затраты, но конкретные инвестиционные планы, опирающиеся на оценку технологических потребностей (ОТП), в надлежащем виде ими еще не подготовлены.

Одно из ключевых условий устойчивого развития – приверженность стран его целям (в том числе, в отношении климата), заинтересованность, осознаваемая на национальном уровне ответственность за достижение целей. В этом смысле все важнее становится прямой доступ стран к финансовым ресурсам целевых климатических фондов – таких как Зеленый климатический фонд (ЗКФ) или Фонд адаптации. К настоящему времени ни одна из стран ВЕКЦА не воспользовалась возможностью прямого доступа к таким климатическим фондам. Признавая роль международных партнеров в отношении климатического финансирования в регионе ВЕКЦА, можно предположить, что некоторые страны выиграют от прямого доступа к климатическим фондам благодаря увеличению эффективности (в частности, за счет снижения транзакционных издержек) и вследствие повышения ответсвенности стран в отношении привлечения и освоения международного финансирования. Некоторые страны – например, Узбекистан – уже начинают готовиться к тому, чтобы воспользоваться прямым доступом к климатическому финансированию.

Совместная работа стран ВЕКЦА и их партнеров, действующих в сфере развития, охватывает ряд направлений: от аналитических исследований и технической помощи до инфраструктурных инвестиций. Одна из важнейших инициатив такого рода, призванная помочь странам ВЕКЦА в сфере климатической политики, – Программа действий по «зеленой» экономике (GREEN Action Programme) ОЭСР. Представляется, что в дальнейшем для стран ВЕКЦА и их партнеров приоритетными могут быть следующие направлениями работы:

- анализ и корректировка «климатических» и «не-климатических» целей и мер политики с тем, чтобы они были согласованными и дополняли друг друга; поиск возможностей для их дальнейшей оптимизации и гармонизации
- выбор и разработка реалистичных, выполнимых действий, которые обеспечивали бы эффективность, последовательность и непрерывность мер, направленных на имплементацию ПОНУВ стран, включая инвестиционное планирование в поддержку этих мер
- оценка и укрепление потенциала ключевых организаций, имея в виду формирование портфеля «климатических» проектов и обеспечение доступа к требуемому финансированию, включая новые источники – такие как Зеленый климатический фонд (ЗКФ)
- повышение прозрачности в сфере климатического финансирования, что требуется для развития национального диалога и укрепления доверительных отношений с международными партнерами с целью дальнейшего увеличения объемов климатического финансирования из внутренних и международных источников
- анализ возможностей более эффективного использования государственных структур стран ВЕКЦА (например, финансирующих организаций) для мобилизации климатического финансирования и повышения ответственности и заинтересованности стран в том, что касается доступа к финансовым ресурсам и их использования.

Глава 1

Увеличение финансирования в поддержу климатической политики в странах ВЕКЦА

Первая глава начинается с общего обзора 11 стран ВЕКЦА, которым посвящен настоящий отчет, с точки зрения их экономики, населения, целей климатической политики. Далее рассматриваются «предполагаемые определяемые на национальном уровне вклады» (ПОНУВ) стран ВЕКЦА, заявленные ими перед 21-й сессией Конференции сторон Рамочной конвенции ООН об изменении климата. И наконец, глава представляет ряд рекомендаций странам ВЕКЦА и их партнерам, действующим в сфере развития, относительно совершенствования политики, направленной на увеличение объемов климатического финансирования в регионе. Рекомендации опираются на результаты анализа, о которых подробно говорится в Главах 2, 3 и 4.

Контекст

Научные данные не оставляют сомнений в необходимости решительных усилий по уменьшению выбросов парниковых газов во всем мире для снижения рисков, связанных с необратимыми последствиями изменения климата для экосистем, населения и экономики стран мира. В некоторых странах эти последствия уже ощущаются уязвимыми группами населения, что требует эффективных мер в сфере адаптации к изменению климата. В 2015 году 21-я сессия Конференции сторон Рамочной конвенции ООН об изменении климата приняла Парижское соглашение, а Генеральная ассамблея ООН утвердила Повестку дня в области устойчивого развития на период до 2030 года и 17 целей в области устойчивого развития. Для того, чтобы глобальный ответ на угрозу изменения климата был максимально эффективным, Парижское соглашение определяет три задачи, связанные с низкоуглеродным, устойчивым к изменению климата развитием:

- Удержать рост глобальной средней температуры существенно ниже 2°C и приложить усилия для ограничения роста температуры величиной 1.5°C выше прединдустриального уровня.
- Эффективнее адаптироваться к неблагоприятным последствиям изменения климата, повышать сопротивляемость к изменению климата и обеспечивать развитие при низком уровне выбросов парниковых газов, не ставя под угрозу производство продовольствия.
- Гармонизировать финансовые потоки с траекторией развития, характеризующейся низким уровнем выбросов и сопротивляемостью к изменению климата.

Решение этих задач зависит от имплементации странами их ПОНУВ и использования различных механизмов в рамках Конвенции. Для этого нужны инвестиции. В целом, в мире нет дефицита капитала (OECD, 2015b) – требуется решительное изменение характера финансовых потоков, с «коричневого» на «зеленый», на глобальном и национальном уровнях.

К настоящему времени в мире уже мобилизованы значительные объемы финансирования из национальных и международных, частных и государственных источников в поддержку низкоуглеродного, устойчивого к изменению климата развития, но требуется дальнейшее увеличение климатического финансирования по сравнению с текущим уровнем. В частности, по оценкам Постоянного комитета по финансам РКИК ООН суммарное глобальное климатическое финансирование (государственное и частное) в 2014 г. составило от 340 до 650 миллиардов долларов США во всех странах (UNFCCC, 2016). Для достижения целей Парижского соглашения в области смягчения последствий и адаптации требуется значительно больше. Международное энергетическое агентство (МЭА) попыталось оценить стоимость полного выполнения климатических обязательств, заявленных в ПОНУВ 150 стран. По оценкам МЭА, в 2015-2030 гг. только в энергетическом секторе имплементация ПОНУВ потребует около 13.5 триллиона долларов США на повышение энергоэффективности и развитие низкоуглеродных технологий, а заявленные обязательства в совокупности недостаточны для достижения цели «Удержание роста глобальной средней температуры существенно ниже 2°C», определенной Парижским соглашением (IEA, 2015).

Настоящий отчет рассматривает международное климатическое финансирование в контексте сотрудничества в целях развития, выделяемое 11 странам ВЕКЦА из государственных источников. Эти страны – Азербайджан, Армения, Беларусь,

Грузия, Казахстан, Кыргызстан, Молдова, Таджикистан, Туркменистан, Узбекистан и Украина – занимают большую территорию, на которой живет около 140 миллионов человек. Страны ВЕКЦА заметно отличаются друг от друга в том, что касается размера территории, географического положения и геополитических обстоятельств, размера населения, уровня экономического развития, политических и экономических структур, баланса энергоресурсов, уязвимости перед процессами изменения климата (Таблица 1.1).

Таблица 1.1. **Основная информация об экономиках стран ВЕКЦА и уровнях выбросов CO_2 (2013 г.)**

	2014 г.– ВВП по ППС (млн постоянных международных долларов 2011 года)	2014 г. – население	2014 г. – ВВП на душу населения, по ППС (млн постоянных международных долларов 2011 г.)	Выбросы CO_2 в результате сгорания топлива (Мт CO_{2e})	Выбросы CO_2 в результате сгорания топлива на единицу ВВП, по ППС (кг CO_{2e} на доллар ВВП)
Азербайджан	159 379.9	9 537 823	16 710.3	29.45	0.18
Армения	23 143.5	3 006 154	7 698.7	5.24	0.23
Беларусь	164 292.8	9 470 000	17 348.8	58.25	0.35
Грузия	32 579.9	4 504 100	7 233.4	6.63	0.20
Казахстан	399 619.4	17 289 111	23 113.9	244.89	0.61
Кыргызстан	18 491.3	5 834 200	3 169.5	8.88	0.48
Молдова	16 905.5	3 556 400	4 753.5	6.70	0.40
Таджикистан	21 295.7	8 295 840	2 567.0	3.31	0.16
Туркменистан	78 345.5	5 307 188	14 762.1	66.02	0.84
Узбекистан	163 534.8	30 757 700	5 316.9	96.16	0.59
Украина	375 018.1	45 362 900	8 267.1	265.05	0.71
В среднем по ОЭСР	1 378 277.0	36 599 903	37 657.9	343.93	0.25

Примечание: ППС – паритет покупательной способности.

Источник: IEA (2016); World Bank (2016).

Между ними и много общего – в том числе, в контексте климатической проблематики. В частности, в ряде стран ВЕКЦА энергетическая инфраструктура (производство, передача и потребление энергии), построенная в советский период, с тех пор не модернизировалась, не обслуживается надлежащим образом и сейчас относится к наиболее энерго***не***эффективным в мире. В Казахстане, одной из самых богатых стран региона, около 50% энергетической инфраструктуры старше 30 лет; некоторым объектам 50-60 лет, они работают на угле. По оценкам Всемирного банка, в 2011 г. Узбекистан потерял 2 миллиарда долларов США – 4.5% своего ВВП – из-за низкой эффективности систем передачи электроэнергии. Эти примеры показывают, сколь значительное финансирование требуется для модернизации энергетической инфраструктуры (на стороне предложения и на стороне спроса). Доля возобновляемой энергии в совокупных энергоресурсах многих стран ВЕКЦА невелика; гидроэнергетика не относится к основным источникам энергии.

Наиболее уязвимое положение у Кыргызстана, Молдовы, Таджикистана и Узбекистана, потенциал адаптации которых представляется недостаточным. Вероятно, негативные последствия изменения климата скажутся и на остальных странах региона. Наиболее уязвимые секторы в регионе ВЕКЦА – сельское хозяйство, энергетика, водные ресурсы и водное хозяйство, управление рисками стихийных бедствий, здравоохранение, лесное хозяйство и защита биоразнообразия (очевидно, что потребности и приоритеты отдельных стран различаются). Изменение климата может серьезно повредить экономике даже в странах, богатых водными ресурсами. В Армении в период с 1980-х годов по 2014 г. площадь орошаемых земель сократилась вдвое, с 300 000 до 150 000 га, что отчасти может быть связано с климатическими изменениями (Melkonyan, 2015).

Предполагаемые определяемые на национальном уровне вклады (ПОНУВ) стран ВЕКЦА

В преддверии КС-21 все страны ВЕКЦА, кроме Узбекистана, представили в Секретариат РКИК ООН свои ПОНУВ с количественными целевыми показателями по сокращению выбросов ПГ к 2030 или 2050 году (Таблица 1.2). ПОНУВ семи стран – Армении, Беларуси, Грузии, Кыргызстана, Молдовы, Таджикистана и Туркменистана – также включают разделы о планах и/или мерах в сфере адаптации, хотя содержание и формат этих разделов и указанные в них сроки существенно различаются между странами. Семь стран – Армения, Грузия, Казахстан, Кыргызстан, Молдова, Таджикистан и Туркменистан – определили для себя более строгие цели в сфере смягчения последствий изменения климата; достижение этих целей увязано с международной поддержкой (финансирование, технологии, укрепление потенциала). Прямо указывают свои финансовые потребности в связи с мерами климатической политики лишь две страны – Казахстан и Молдова. В ПОНУВ Грузии говорится о долгосрочных затратах в отношении только адаптации. ПОНУВ Армении не оценивает финансовые потребности, но говорит о потенциальных внутренних и международных источниках для финансирования усилий по достижению целей в области смягчения последствий и адаптации, включая укрепление потенциала.

Половина стран – Азербайджан, Армения, Кыргызстан, Таджикистан и Туркменистан – в своих ПОНУВ прямо указывают «климатические» приоритеты, другие (например, Казахстан, Грузия, Украина и Беларусь) ссылаются на существующие национальные программные документы или на «национальные сообщения» для РКИК ООН, указывающие приоритеты отдельных стран. Несколько стран ссылаются в ПОНУВ на документы, которые находятся на этапе разработки и будут определять конкретные меры и приоритеты в отношении смягчения последствий и адаптации. К таким программным документам относятся национальные планы приемлемых действий по смягчению последствий изменения климата (Армения, Грузия, Туркменистан), национальные планы в сфере адаптации (Армения, Молдова, Туркменистан) и стратегии развития с низким уровнем выбросов в рамках РКИК ООН (Грузия, Молдова), а также рамочные концепции и программные документы стран.

Насколько существенной может быть роль ПОНУВ в выполнении странами ВЕКЦА конкретных мер по достижению их долгосрочных «климатических» целей – важный, но отдельный вопрос, выходящий за рамки настоящего отчета. Желательно обратиться к нему на следующем этапе работы. Многие развивающиеся страны (помимо ВЕКЦА) увязывают ПОНУВ с национальными приоритетами, целями развития и секторальными планами; зачастую ПОНУВ предусматривают варианты финансирования из внутренних и международных источников (Moore, 2015). Возможно, в будущем страны ВЕКЦА смогут использовать ПОНУВ (или ОНУВ – определенный на национальном уровне вклад)[1] как основу для национального диалога о комплексном, долгосрочном планировании зеленых инвестиций. ПОНУВ могут также использоваться для информирования заинтересованных сторон – внутри страны и в мире – о приоритетах и необходимых действиях стран и их потребностях в помощи/финансировании. В таком случае целесообразно подумать о том, какие элементы ПОНУВ (или ОНУВ) стран ВЕКЦА следует усовершенствовать – и каким образом.

Таблица 1.2. **ПОНУВ стран ВЕКЦА, являющихся правомочными получателями ОПР**

	Компонент «Смягчение последствий»				Указаны ли потребности в поддержке, выраженные количественно?
	Без дополнительных условий	При условии международной помощи	Целевой год	Включен ли компонент «адаптация»?	
Азербайджан	Уменьшение выбросов ПГ на 35% от уровня 1990 г.		2050	Да	Нет
Армения	Уменьшение суммарных выбросов 633 млн $тCO_{2e}$ (5.4 на душу населения в год)	Достижение в 2050 г. уровня выбросов ПГ, до «нейтрального» для $тCO_{2e}$ экосистем (2.07 $тCO_{2e}$ на душу населения в год)	2030	Нет	Нет
Беларусь	Уменьшение выбросов ПГ на 28% от уровня 1990 г.		2030	Да	Нет
Грузия	Уменьшение выбросов ПГ на 15% (исключая землепользование и лесное хозяйство) по сравнению с обычным/инерционным сценарием	Уменьшение выбросов ПГ на 25% (исключая землепользование и лесное хозяйство) посравнению с обычным/инерционным сценарием	2030	Да	Нет
Казахстан	Уменьшение выбросов ПГ на 15% от уровня 1990 г.	Уменьшение выбросов ПГ на 25% от уровня 1990 г.	2030	Нет	Нет
Кыргызстан	Уменьшение выбросов ПГ на 11.49- по сравнению обычным/инерционным сценарием	Уменьшение выбросов ПГ на 29-30.89% по 13.75% сравнению с обычным/с инерционным сценарием	2030	Да	Да
Молдова	Уменьшение выбросов ПГ на 64- от уровня 1990 г.	Уменьшение выбросов ПГ на 78% от уровня 67% 1990 г.	2030	Да	Да
Таджикистан	Уменьшение выбросов ПГ или CO_2 80-90% от уровня 1990 г	Уменьшение выбросов ПГ или CO_2 на 65-75% на от уровня 1990 г.	2030	Да	Нет
Туркменистан	Неувеличение выбросов ПГ или даже их уменьшение (в основном за счет внутреннего, но также и с помощью международного финансирования)		2030	Да	Нет
Украина	Уменьшение выбросов ПГ на 40% от уровня 1990 г.		2030	Нет	Нет

Источник: UNFCCC (2015).

Цели и структура отчета

Настоящий отчет рассматривает климатическое финансирование в контексте развития, предоставляемое 11 странам ВЕКЦА из двусторонних и многосторонних государственных источников, и призван ответить на следующие вопросы:

- как 11 стран ВЕКЦА и их партнеры в сфере развития взаимодействовали в отношении финансирования климатической политики (смягчение последствий и адаптация) в последние годы;
- как страны ВЕКЦА могут определять, оценивать и расширять свои возможности в отношении эффективного использования разнообразных источников климатического финансирования в будущем.

Отчет не дает всей картины потоков климатического финансирования из всех возможных источников (в частности, нами не рассматриваются инвестиции частного сектора) – главным образом, из-за недостаточной полноты имеющихся данных.

Отчет должен способствовать лучшему пониманию международного финансирования в поддержку «климатических» усилий стран ВЕКЦА, подробно рассматривая следующие аспекты: приоритетные секторы/сферы деятельности; финансирующие партнеры и финансовые структуры применительно к отдельным проектам; национальные организации, осуществляющие доступ к климатическому финансированию и использующие его. Содержание отчета:

- Глава 2. Обзор климатического финансирования в регионе ВЕКЦА в 2013 и 2014 годах. Анализируется текущее положение дел в отношении климатического финансирования в контексте развития, выделенного странам ВЕКЦА из двусторонних и многосторонних источников в 2013-2014 гг. Во второй главе также приводятся некоторые данные сравнительного анализа, сопоставляющего ВЕКЦА с другими регионами мира.
- Глава 3. Основные вопросы, относящиеся к доступу и увеличению объемов климатического финансирования для стран ВЕКЦА. Формулируемые в третьей главе вопросы аналитического характера должны помочь странам региона в оценке их готовности к увеличению климатического финансирования и в понимании того, на каких направлениях требуются улучшения. Анализ опирается на имеющиеся публикации о «программах готовности», выполняемых агентствами сотрудничества и развития, международными организациями и финансовыми институтами.
- Глава 4. Обобщает результаты странового анализа в сфере климатического финансирования в отношении 11 стран ВЕКЦА за период между 2011 и 2015 годами и излагает наиболее существенную информацию, представленную в страновых отчетах по всем 11 странам. Одиннадцать страновых отчетов размещены на сайте ОЭСР: www.oecd.org/env/outreach/eap-tf.htm.

Полные страновые отчеты содержат более подробный анализ международного финансирования в поддержку климатической политики в каждой из стран ВЕКЦА. Далее, в каждом отчете анализируются цели страны и приоритетные секторы/направления в сфере климатической политики. Анализ опирается на информацию в ПОНУВ и других программных документах стран. И наконец, в страновых отчетах вкратце рассматриваются условия, способствующие проведению эффективной климатической политики: это законы и нормативные акты, имеющие значение для смягчения последствий и адаптации; институциональная система и национальные финансирующие организации или структуры, причастные к инвестициям, которые содействуют низкоуглеродному развитию, устойчивому к изменению климата.

Рекомендации

В этом разделе представлены основные рекомендации, опирающиеся на результаты анализа, о которых говорится в Главах 2, 3 и 4 и в одиннадцати страновых отчетах. Страны ВЕКЦА уже приступили к работе в сфере смягчения последствий и адаптации, реформируя соответствующие инструменты политики, укрепляя институциональный потенциал и осуществляя инфраструктурные инвестиции – самостоятельно или вместе с международными партнерами, действующими в сфере сотрудничества в целях развития. Странам региона выделяются серьезные объемы климатического финансирования (в 2013-2014 гг. ежегодно 3.3 миллиарда долларов США для более чем 300 проектов; подробнее – в Главе 2), однако ПОНУВ и другие программные документы стран ВЕКЦА указывают на необходимость дальнейшего и существенного – увеличения финансирования из различных источников в поддержку низкоуглеродного развития, устойчивого к климатическим изменениям.

У стран ВЕКЦА есть достаточный потенциал для того, чтобы эффективно подготовиться к использованию климатического финансирования из разных источников. Элементами такой «готовности» являются целенаправленность климатической политики, наличие стабильных регуляторных и рамочных систем, достаточный институциональный потенциал (в том числе, для формирования портфеля реалистичных проектов, которые смогут получить финансирование), надлежащие системы мониторинга и оценки. Традиционные источники государственного финансирования – в частности, Официальной помощи в целях развития (ОПР) – обычно поддерживают страны, еще не имеющие достаточного институционального потенциала и эффективной рамочной политики. Мобилизация для таких стран *частного* финансирования слишком сложна: частный сектор менее терпим к высоким страновым рискам и неопределенности в сфере отраслевой или природоохранной политики (Kato, Ellis and Clapp, 2014).

Программа действий по «зеленой» экономике (GREEN Action Programme) ОЭСР призвана поддержать и дополнить текущие и планируемые мероприятия и проекты, выполняемые в регионе ВЕКЦА международными финансовыми институтами, двусторонними донорами и многосторонними агентствами развития. В числе партнеров, помогающих ряду стран ВЕКЦА в укреплении потенциала и «повышении готовности», – Германское общество по международному сотрудничеству (GIZ), банк развития KfW, Программа ООН по окружающей среде (ЮНЕП), Программа развития ООН (ПРООН), Институт мировых ресурсов (см. Главу 3). Среди прочего, Программа действий по «зеленой» экономике будет опираться на богатый опыт работы ОЭСР в странах ВЕКЦА в течение последних 20 лет (см. OECD, 2016), а также на результаты аналитической деятельности других комитетов ОЭСР.

Имплементация ПОНУВ и конкретные шаги к достижению целей климатической политики

За ПОНУВ и другими программными документами стран ВЕКЦА должны последовать конкретные, целенаправленные, согласованные планы их имплементации. ПОНУВ рассматривается как основа эффективной, долгосрочной и прозрачной политики стран в направлении низкоуглеродного развития, устойчивого к климатическим изменениям. Помимо ПОНУВ, странами региона разработаны другие программные и регуляторные документы и стратегии, прямо или косвенно связанные с сокращением выбросов ПГ и реагированием на негативные последствия изменения климата. Для эффективного снижения климатических рисков такие подходы и стратегии должны быть действенными, реалистичными и взаимодополняющими.

Во многих случаях имплементация программных документов стран ВЕКЦА в области окружающей среды и климата проходит со значительными затруднениями: зачастую документы готовились в спешке, без тщательной, всесторонней экспертизы всеми заинтересованными сторонами (государственными ведомствами, экспертным сообществом, другими заинтересованными группами внутри страны). «Ускоренная» подготовка программных документов оборачивается тем, что цели природоохранной политики не транслируются надлежащим образом в конкретные задачи, привязанные к продуманным срокам; финансовые стратегии и стратегии имплементации недостаточно реалистичны; страдает качество разрабатываемых инвестиционных проектов, что сказывается на результатах их выполнения. Надлежащий процесс укрепления потенциала предполагает постоянное участие должностных лиц соответствующих ведомств в разработке национальных климатических стратегий и стратегий финансирования, связанных с ними регуляторных документов.

Странам региона следует тщательно проанализировать меры и возможности, которые обеспечивали бы эффективную имплементацию продуманной климатической политики, включая надежную оценку прогресса в направлении заявленных целей в сфере смягчения последствий и адаптации. Некоторые страны (в частности, Армения, Грузия и Молдова) уже разрабатывают национальные климатические стратегии, которые могут служить «планами действий» в отношении ОНУВ стран, – такие как стратегии развития с низким уровнем выбросов, национальные планы в сфере адаптации, национальные или секторальные «климатические» планы, национальные планы приемлемых действий по смягчению последствий изменения климата. Далее, странам ВЕКЦА следует эффективнее использовать оценку технологических потребностей (ОТП), имея в виду заимствование и внедрение участниками экономической деятельности технологий, содействующих низкоуглеродному развитию, устойчивому к изменению климата.

Укрепление институционального потенциала для расширения доступа к климатическому финансированию

Ситуация с международным климатическим финансированием развивается весьма быстро, и многие страны стараются использовать возникающие в связи с этим возможности – например, финансирование из таких относительно новых источников как Зеленый климатический фонд (ЗКФ). Соответствующим организациям стран ВЕКЦА предстоит приложить усилия к тому, чтобы облегчить своим странам доступ к международным ресурсам для финансирования мер климатической политики. Ввиду разных потребностей и обстоятельств будут различаться и приоритеты отдельных стран в отношении укрепления институционального потенциала в целях доступа к климатическому финансированию. Вероятно, потенциал организаций должен оцениваться в отношении следующих аспектов:

- понимание национальных потребностей, приоритетов и стратегий;
- возможность получать актуальную информацию по различным климатическим фондам и другим источникам финансирования (такая информация требуется для принятия стратегических решений в отношении взаимодействия с этими источниками);
- понимание ситуации внутри страны (институты, заинтересованные стороны) и способность задействовать национальный механизм/механизмы координации, привлечь к процессам климатического финансирования широкий круг заинтересованных сторон;
- способность спланировать и разработать портфель проектов, которые могли бы получить климатическое финансирование;
- способность эффективно содействовать разработке проектов и привлекать для них финансирование из источников внутри страны;
- технические знания и навыки, необходимые для мониторинга и оценки эффективности проектов и программ с точки зрения национальных целей развития и целей климатической политики и в соответствии с правилами конкретных организаций, предоставляющих климатическое финансирование.

Некоторые страны (Армения, Грузия, Кыргызстан, Молдова, Таджикистан) создали специальные структуры для координации национальных «климатических» усилий, хотя реальные полномочия, возможности и ресурсы этих организаций не всегда ясны. Мы надеемся, что вопросы, сформулированные в Главе 3, помогут странам ВЕКЦА в анализе изъянов в потенциале таких организаций, а международным партнерам – в определении приоритетных направлений поддержки стран ВЕКЦА.

К настоящему времени ни одна из стран ВЕКЦА не осуществляет прямой доступ к климатическим фондам – Фонду адаптации или ЗКФ. Речь идет о том, чтобы соответствующие организации стран обращались к источникам финансирования не через МБР, агентства ООН, двусторонние или многосторонние агентства сотрудничества и развития, а напрямую. Любая из стран ВЕКЦА, желающая получить прямой доступ к Фонду адаптации или ЗКФ, должна определить ряд организаций-кандидатов и выбрать из них национальную или региональную структуру, которая будет напрямую обращаться за климатическим финансированием того или иного рода. Некоторые страны (например, Узбекистан) уже начали готовиться к прямому доступу, но нужно понимать, что выбор кандидатов и развитие их потенциала, которое потребуется для аккредитации, – длительный процесс. Прямой доступ вряд ли станет предпочтительным вариантом для стран ВЕКЦА в скором времени; многосторонние и двусторонние источники сохранят свое значение в финансировании климатических проектов.

Сближение и согласование климатической и неклиматической политики

Согласованность мер климатической и не-климатической политики, разрабатываемых странами ВЕКЦА в течение ряда лет, – важное условие эффективного продвижения стран к низкоуглеродной экономике, устойчивой к изменению климата, и дальнейшей мобилизации ресурсов для финансирования их климатических программ. Для большей согласованности политики странам ВЕКЦА в первую очередь следует проанализировать существующие и планируемые меры и инструменты, выявить все существенные расхождения между ними и продумать возможности их дальнейшей гармонизации. Направления политики, рамочные системы и меры, подлежащие такому широкому анализу (смягчение последствий и адаптация, финансирование, инвестиции, стимулирование конкуренции, другие вопросы в природоохранной сфере и сфере развития), могут существенно различаться между странами.

В итоге, анализ такого рода должен помочь странам в понимании того, как повысить согласованность политики на разных направлениях с целью расширения доступа к государственным и частным источникам для финансирования климатической политики стран. При разработке необходимых для этого аналитических методов можно опираться на отчет ОЭСР «Согласованность политики в поддержку низкоуглеродной экономики» *(Aligning Policies for a Low-carbon Economy)*, который, среди прочего, показывает, как несогласованность «неклиматической» политики может препятствовать действенным и экономически-эффективным мерам политики климатической (OECD, 2015b). Следует также обратить внимание на текущие проекты в рамках Программы действий по «зеленой» экономике ОЭСР (в частности, связанные с реформированием энергетических субсидий и финансовым планированием в государственном секторе в регионе ВЕКЦА), а также на опыт и публикации других комитетов ОЭСР – например, обзоры «Инвестиционная политика в области чистой энергетики» *(Clean Energy Investment Policy Reviews)* (OECD, 2015a).

Конкретные планы действий на секторальном и субсекторальном уровнях, которые опираются на всесторонний анализ согласованности мер политики, призваны обеспечить имплементацию ОНУВ и позволяют рассчитать стоимость необходимых мер, – это то, что поможет странам ВЕКЦА в оценке их потребностей в финансовой поддержке и, далее, позволит эффективно информировать об этих потребностях международных партнеров, которые могут предоставить финансирование, передать технологии, помочь странам в укреплении их потенциала. Эту работу можно начать с детального обсуждения заинтересованными сторонами подходов к определению целей и планированию действий в сфере смягчения последствий и адаптации, включая расчет соответствующих затрат. Среди других подходов, на этом этапе целесообразно использовать моделирование.

Повышение прозрачности в сфере климатического финансирования

Настоящий отчет призван дать более четкое представление о потоках климатического финансирования в контексте развития, поступающих в страны ВЕКЦА, – в условиях, когда сохраняются значительные пробелы в информации, особенно в отношении финансовых потоков со стороны частного сектора и из внутренних источников, а также со стороны доноров, не входящих в Комитет ОЭСР по содействию развитию (КСР). Так, некоторые доноры представляют в Систему отчетности кредиторов ОЭСР (СОК) только агрегированные данные о выделенных или распределенных средствах или вовсе не передают информацию в СОК. Согласно записям СОК, в 2013-2014 гг. наименьший объем климатического финансирования в контексте развития был выделен Кыргызстану, но значительное климатическое финансирование поступало, вероятно, и от стран, не входящих в КСР, – например, Российской Федерации (Правительство Российской Федерации, 2015). По данным на 2014 г., займы Экспортно-импортного банка Китая составляли около 46% совокупной внешней задолженности Таджикистана, хотя не все эти средства относились к климатическим проектам (World Bank, 2015). В 2014 г. в Азербайджане около 80% прямых иностранных инвестиций предназначалось для нефтегазового сектора; по данным СОК, в Азербайджане в 2013-2014 гг. наибольшие объемы выделенного климатического финансирования в контексте развития относились к сектору управления отходами и к сектору дорожного транспорта. Эти примеры иллюстрируют пробелы в информации, препятствующие всесторонней оценке потоков климатического финансирования, поступающих в отдельные страны ВЕКЦА.

Доступность и прозрачность информации о масштабах и типах климатического финансирования – мобилизованного, выделенного и полученного – важны как для самой страны, так и для ее взаимоотношений с международными партнерами. В частности, внутри страны надлежащее понимание потоков климатического финансирования будет способствовать диалогу о том, как эффективнее использовать международное финансирование из государственных источников и расширять доступ к капитальным ресурсам. Наличие четкой информации послужит укреплению доверия между странами ВЕКЦА и партнерами (существующими и потенциальными), предоставляющими финансирование. Тщательный анализ и контроль финансовых потоков поможет отслеживать поступление выделенного международного климатического финансирования «конечным потребителям» внутри страны (отраслям, домохозяйствам, органам управления субнационального уровня) и четко определить национальные ведомства и организации, заинтересованные стороны, финансирующие структуры и финансовые институты, причастные к процессу. Положения Парижского соглашения и Решение 1/CP.21 призывают (хотя и не требуют этого) предоставлять информацию о поддержке, полученной развивающимися странами.

Некоторые международные организации, включая ОЭСР, уже начали работать над проблематикой, относящейся к прозрачности информации в сфере климатического финансирования, и в своих дальнейших усилиях страны ВЕКЦА могут опереться на появляющиеся результаты этой работы. Среди прочего, такие усилия должны быть направлены на выявление существующих информационных пробелов и на определение потребностей, относящихся к укреплению потенциала статистических ведомств и организаций в странах ВЕКЦА. Анализ, о котором здесь говорится, повысит качество решений в отношении конкретных целей климатической политики и разработки соответствующих инструментов, будет способствовать мобилизации частных инвестиций и финансированию климатической политики за счет внутренних финансовых ресурсов.

Анализ возможностей более эффективного использования национальных структур в мобилизации климатического финансирования

Опыт многих развивающихся стран свидетельствует о том, насколько полезным может быть использование национальных, внутренних систем для координации и управления климатическим финансированием из международных и национальных источников. Оно помогает избежать дублирования усилий и способствует снижению издержек; повышает ответственность и заинтересованность страны в том, что касается доступа к финансовым ресурсам и их использования; позитивно влияет на такие факторы как прозрачность и подотчетность; увязывает климатическую политику с общим национальным планированием и бюджетным процессом.

К таким «внутренним» системам относятся национальные финансирующие организации, образованные в большинстве стран ВЕКЦА (хотя и различающиеся по структуре, функциям, размеру) и уже поддерживающие ряд климатических проектов. Некоторые из этих организаций созданы благодаря международной помощи (например, армянский Фонд возобновляемой энергетики и энергосбережения). Для международных партнеров важно, чтобы такие организации учреждались и действовали в соответствии с надлежащей международной практикой. ОЭСР уже долгое время помогает странам региона в наращивании потенциала таких государственных финансовых структур; страны ВЕКЦА и их партнеры в сфере развития могут опираться на этот опыт, укрепляя потенциал организаций в отношении эффективного управления финансовыми ресурсами из внутренних и внешних источников (выбор инвестиционных проектов, мониторинг их эффективности с точки зрения целей развития и целей климатической политики и т.д.).

Дальнейшая аналитическая работа стран ВЕКЦА и их партнеров может охватывать различные направления: например, (в свете достижения целей, определенных в ПОНУВ стран) анализ правил и процедур, определенных для таких национальных финансирующих структур и имеющих значение для процесса управления и принятия решений; анализ предсказуемости и надежности других источников финансирования; анализ планов расходов и механизмов распределения средств; понимание критериев в отношении определения и отбора инвестиционных проектов для их поддержки такой финансирующей организацией.

Примечание

1. Конференция «призывает Стороны представить свой определяемый на национальном уровне вклад (ОНУВ) после направления Стороной соответствующего документа ратификации, принятии или одобрении Парижского соглашения или о присоединении к нему. Если Сторона сообщила свой предполагаемый определяемый на национальном уровне вклад, он считается определяемым на национальном уровне вкладом Стороны, если только эта Сторона не примет иное решение» (Решение 1/СР.21, параграф 22).

Источники информации

IEA (2016), *IEA CO_2 from Fuel Combustion Statistics (МЭА, 2016 г. Статистика по CO_2, образуемому в результате сгорания топлива)* (база данных), http://dx.doi.org/10.1787/co2-data-en (по состоянию на 24 октября 2016 г.).

IEA (2015), "Energy and climate change", *World Energy Outlook Special Report (МЭА, 2015 г. «Энергетика и изменение климата», Прогноз мировой энергетики – специальный отчет)*, IEA/OECD Publishing, Париж, www.iea.org/publications/freepublications/publication/WEO2015SpecialReportonEnergyandClimateChange.pdf (по состоянию на 24 октября 2016 г.).

Kato, T., J. Ellis and C. Clapp (2014), "The role of the 2015 agreement in mobilising climate finance", *OECD/IEA Climate Change Expert Group Papers*, No. 2014/07 *(Като Т., Эллис Дж. и Клэпп К., 2014 г. «Роль Соглашения 2015 года в мобилизации климатического финансирования». Публикации экспертной группы ОЭСР/МЭА в области изменения климата, № 2014/07)*, OECD Publishing, Париж, http://dx.doi.org/10.1787/5js03h9ztlbr-en.

Melkonyan, A. (2015), "Climate change impact on water resources and crop production in Armenia", *Agricultural Water Management*, Vol. 161 *(Мелконян А., 2015 г. «Воздействие климатических изменений на водные ресурсы и растениеводство в Армении», Управление водными ресурсами в сельском хозяйстве, том 161)*, Elsevier, Амстердам, сс. 86-101.

Moore, R. (2015), "GEF support for intended nationally determined contributions (INDCs) & lessons learned" *(Мор Р., 2015 г. «Поддержка ПОНУВ стран, оказываемая Глобальным экономическим фондом»)*, доклад на совещании Партнерства в защиту лесов в бассейне реки Конго (CBFP) Яунде, 15-19 июня 2015 г., http://pfbc-cbfp.org/rapports/items/stream-climat-fr.html?file=docs/news/RdP-15/Stream-Document-Climate/Climat-stream2-GEF%20Congo%20Basin_INDCs.pdf (по состоянию на 24 октября 2016 г.).

OECD (2016), *"Greening the Economy in Eastern Europe, the Caucasus and Central Asia" (ОЭСР, 2016 г. «Экологизация экономики в странах Восточной Европы, Кавказа и Центральной Азии»)*, OECD Publishing, Париж, http://issuu.com/oecd.publishing/docs/from_eap_to_green_action_programme_/1?e=3055080/36192948.

OECD (2015a), *"Policy Guidance for Investment in Clean Energy Infrastructure: Expanding Access to Clean Energy for Green Growth and Development" (ОЭСР, 2015 г. «Рекомендации в отношении инвестиций в инфраструктуру чистой энергетики: расширение доступа к чистой энергии в целях зеленого роста и развития»)*, OECD Publishing, Париж, http://dx.doi.org/10.1787/9789264212664-en.

OECD (2015b), *"Aligning Policies for a Low-carbon Economy" (ОЭСР, 2015 г. «Согласованность политики в поддержку низкоуглеродной экономики»)*, OECD Publishing, Париж, http://dx.doi.org/10.1787/9789264233294-en.

UNFCCC (2016), 2014 Biennial Assessment and Overview of Climate Finance Flows Report (РКИК ООН, 2016 г. «Двухгодичная оценка 2014 года и обзор потоков климатического финансирования») http://unfccc.int/cooperation_and_support/financial_mechanism/standing_committee/items/8034.php (по состоянию на 24 октября 2016 г.).

UNFCCC (2015), INDCs as communicated by Parties (РКИК ООН, 2015 г. ПОНУВ, как они представлены сторонами), http://www4.unfccc.int/submissions/INDC/Submission%20Pages/submissions.aspx (по состоянию на 24 октября 2016 г.).

World Bank (2015), The World Bank Group – Tajikistan Partnership Program Snapshot (Всемирный Банк, 2015 г. «Группа Всемирного Банка – коротко о партнерской программе в Таджикистане»), Группа Всемирного Банка, Вашингтон http://pubdocs.worldbank.org/pubdocs/public-doc/2015/10/645741444794465533/Tajikistan-Snapshot.pdf.

Правительство Российской Федерации (2015 г.), «Второй двухгодичный отчет для РКИК ООН; общий табличный формат», Вторые двухгодичные отчеты, http://unfccc.int/national_reports/biennial_reports_and_iar/submitted_biennial_reports/items/7550.php.

Глава 2

Обзор климатического финансирования в контексте развития на региональном уровне

Во второй главе рассматривается климатическое финансирование в контексте развития, выделенное странам Восточной Европы, Кавказа и Центральной Азии в течение двух лет – в 2013 и 2014 годах. В этот период климатическое финансирование для стран региона из многосторонних и двусторонних источников составляло около 3.3 миллиарда долларов США ежегодно. Результаты анализа свидетельствуют о серьезных возможностях интеграции климатических соображений в более широкие процессы финансирования в целях развития – особенно в отношении сельского и лесного хозяйства, промышленности, горнодобывающей отрасли, транспорта, водного хозяйства и водных ресурсов. Анализ в основном опирается на массивы информации в базе данных «Помощь в целях развития» (Aid Activities) Системы отчетности кредиторов ОЭСР. Подробнее об источниках информации и аналитическом подходе – в разделе «Информация для читателей» выше.

Контекст и методика анализа

В настоящей главе анализируется климатическое финансирование в целях развития, выделенное странам ВЕКЦА двусторонними и многосторонними источниками в 2013-2014 годах. Информация о потоках климатического финансирования взята из базы данных «Помощь в целях развития» (Aid Activities) Системы отчетности кредиторов (СОК) Комитета ОЭСР по содействию развитию (КСР) (OECD, 2016a). База данных позволяет приблизительно оценить потоки климатического финансирования, направленные на решение задач, определенных Конвенциями Рио (включая РКИК ООН) в области смягчения последствий изменения климата и адаптации к нему.

Термин «климатическое финансирование в целях развития» относится к средствам, которые выделяются двусторонними и многосторонними источниками для финансирования деятельности в развивающихся странах, имеющей своей главной или существенной целью смягчение последствий изменения климата или адаптацию к нему. По классификации СОК, деятельность относится к смягчению последствий, если она способствует стабилизации концентраций ПГ в атмосфере благодаря усилиям по сокращению или ограничению выбросов ПГ или по секвестрации ПГ. Деятельность относится к адаптации, если она уменьшает уязвимость человека или природных систем перед существующими или ожидаемыми последствиями изменения климата за счет поддержания или увеличения устойчивости к ним, увеличивает возможности адаптации к стрессу и шоку от климатических изменений и колебаний климата, выдерживая и смягчая их, и/или если она способствует уменьшению подверженности человека и природных систем негативным последствиям изменения климата (OECD, 2016a).

Двусторонние источники, предоставляющие информацию в СОК, – это члены КСР; многосторонние – многосторонние банки развития (МБР) и международные климатические фонды. СОК также отслеживает потоки из нескольких источников, участвующих в кооперации «Юг-юг». База данных не регистрирует финансовые потоки на уровне отдельных программ или проектов, поступающие от доноров, которые не входят в КСР, таких как Китайская Народная Республика и Российская Федерация, и из источников, относящихся к частному сектору; предположительно, в регионе ВЕКЦА эти потоки могут быть значительными. Ввиду недостаточности имеющихся данных настоящее исследование обращается только к периоду 2013-2014 гг. СОК фиксирует номинальную стоимость мероприятий на дату подписания с бенефициарами соответствующих грантовых или кредитных соглашений, поэтому возможны расхождения между данными СОК и статистикой отдельных стран в отношении полученного ими внешнего климатического финансирования, особенно за длительные периоды.

Из 11 стран ВЕКЦА, рассматриваемых в настоящем отчете, сторонами Приложения I РКИК ООН являются только Беларусь, Казахстан и Украина. Тем не менее, все 11 стран правомочны получать официальную помощь в целях развития от государств, входящих в КСР. Страны ВЕКЦА также имеют доступ к некоторым источникам финансирования в рамках Финансового механизма Конвенции (например, к Глобальному экологическому фонду, ГЭФ). Поскольку ни одна из стран региона не относится к «наименее развитым странам» по классификации ООН, страны ВЕКЦА не имеют доступа к Фонду для наименее развитых стран, которым управляет ГЭФ. Хотя анализируемые в этой главе данные относятся к климатическому финансированию в 2013-2014 гг., следует отметить, что на своем 13-м заседании в июне 2016 г. Совет Зеленого климатического фонда утвердил два проектных предложения для региона ВЕКЦА (одно для Армении и другое для Таджикистана и Узбекистана).

Результаты странового анализа по 11 странам ВЕКЦА обобщаются в Главе 4. Она рассматривает информацию о потоках климатического финансирования в контексте развития, включая секторы, в которые оно направляется, а также меры и инструменты политики, имеющие прямое или опосредованное значение для мобилизации ресурсов с целью финансирования климатических усилий стран.

Климатическое финансирование для региона ВЕКЦА и других развивающихся стран

В 2013-2014 гг. климатическое финансирование в контексте развития для стран ВЕКЦА составляло около 3.3 миллиарда долларов США в год, при существенных различиях в объемах финансирования, полученных или ожидаемых отдельными странами (Рисунок 2.1). Эта сумма включает и смягчение последствий, и адаптацию (исключая совпадающее финансирование обеих целей), составляя 7.1% совокупного глобального климатического финансирования в целях развития, выделенного в 2013 и 2014 гг. – в этот период в среднем 47.3 миллиарда долларов США в год. Конкретнее, климатическое финансирование для смягчения последствий для региона ВЕКЦА составляло 8.3% глобального финансирования на эту цель; для адаптации – 3.5%. В 2013-2014 годах двусторонние доноры и многосторонние финансовые институты взяли на себя поддержку более 660 проектов в странах ВЕКЦА.

Рисунок 2.1. **Ежегодные потоки климатического финансирования в контексте развития по направлениям: смягчение последствий изменения климата и адаптация к нему.**

Сравнение между странами ВЕКЦА и суммарными объемами на глобальном уровне (2013-2014 гг., средние значения)

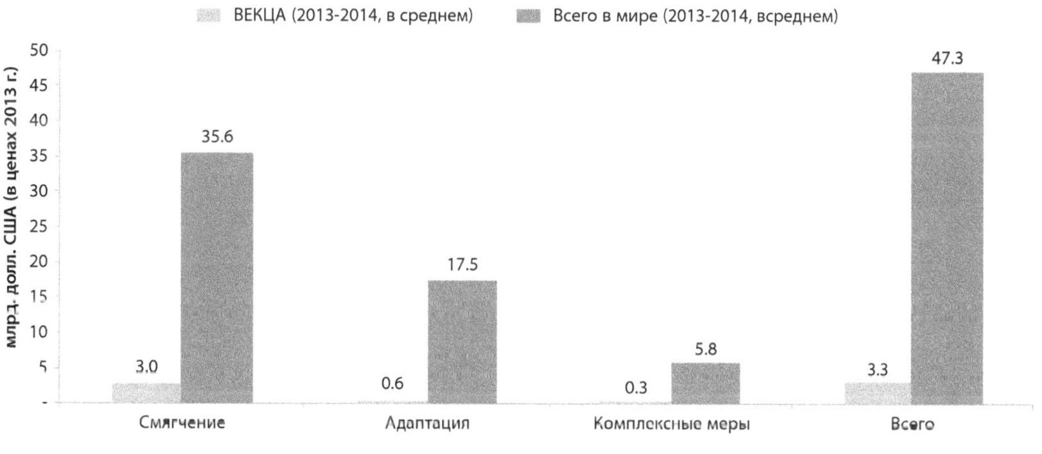

Примечание: суммарное климатическое финансирование в контексте развития = смягчение последствий + адаптация – комплексное (смягчение и адаптация).

Источник: OECD (2016a).

В 2013-2014 годах климатическое финансирование для стран ВЕКЦА, выделенное для смягчения последствий (3 миллиарда долларов США в год), примерно в пять раз превышало финансирование в целях адаптации (0.62 миллиарда долларов США в год). Хотя Парижское соглашение подчеркивает необходимость сбалансированного финансирования усилий, относящихся к смягчению последствий и адаптации (UNFCCC, 2015), этот дисбаланс имеет глобальный характер. В регионе ВЕКЦА он выражен сильнее: смягчение последствий – 81% финансирования, адаптация – 11%, комплексные меры (смягчение и адаптация) – 8%. Сравните со среднемировыми значениями: смягчение – 63%, адаптация – 25%, смягчение и адаптация – 12%. Такой дисбаланс в регионе ВЕКЦА может объясняться тем, что политика в области адаптации во многих странах ВЕКЦА развита слабее (см. также Главу 3). Далее, следует учитывать значительные инвестиционные потребности энергетического сектора ВЕКЦА в отношении смягчения последствий изменения климата. Кроме того, ни одна из 11 стран ВЕКЦА не относится к «наименее развитым странам» или «малым островным развивающимся странам», которые зачастую имеют бóльшие потребности в отношении адаптации. И наконец, отслеживать финансирование на цели адаптации обычно труднее – во многих случаях оно включено в более широкие проекты в контексте развития и/или в бизнес-проекты, и его объемы могут недооцениваться (CPI and OECD, 2015).

Сравнение между ВЕКЦА и другими регионами

На региональном уровне объемы климатического финансирования, выделенного в 2013 и 2014 годах странам ВЕКЦА, сопоставимы с климатическим финансированием для Юго-Восточной Азии, Юго-Восточной Европы, Северной и Центральной Америки, Южной Америки и Африки к северу от Сахары (Рисунок 2.2). В основном благодаря меньшему размеру населения – по сравнению с другими регионами, такими как Африка к югу от Сахары, Южная и Центральная Азия (за исключением стран ВЕКЦА), Юго-Восточная Азия – на душу населения регион ВЕКЦА получает сравнительно большое климатическое финансирование в контексте сотрудничества

Рисунок 2.2. **Ежегодные потоки климатического финансирования по регионам (всего и на душу населения: средние значения для 2013-2014 гг.)**

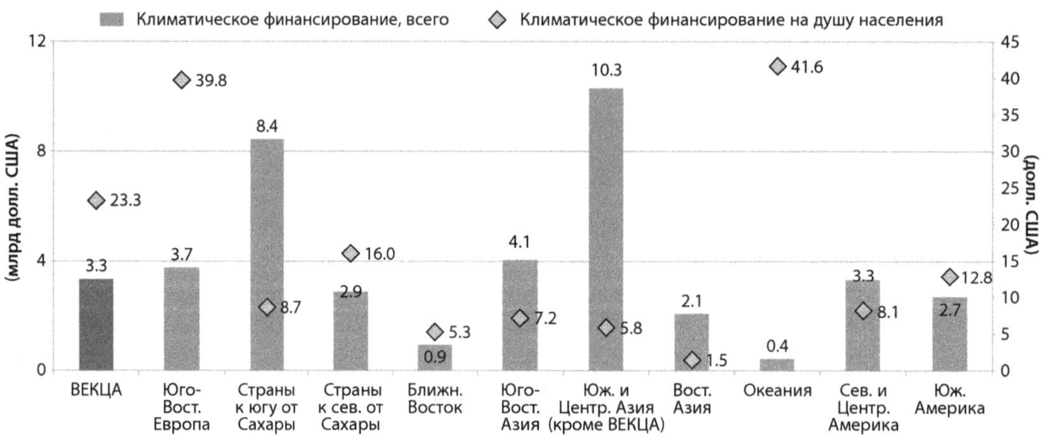

Примечание: столбцы – годовые потоки климатического финансирования в контексте развития (миллиарды долларов США в 2013-2014 гг., в среднем); ромбы – климатическое финансирование на душу населения в год (долл. США на душу населения в 2013-2014 гг., в среднем). Во избежание двойного учета данные не включают несколько трансграничных проектов.

Источники: данные о климатическом финансировании – OECD (2016a); ВВП на душу населения по ППС – World Bank (2016).

в целях развития. При этом нужно понимать, что потребности, социально-экономические условия и население стран ВЕКЦА существенно различаются, поэтому размер финансирования, выделенного отдельным странам, прямо не отражает то, как удовлетворяются потребности каждой страны, или уровень готовности страны к освоению международного климатического финансирования.

Рисунок 2.3 с данными о ВВП на душу населения в регионах и выделенных объемах климатического финансирования иллюстрирует общую тенденцию: выделяемое климатическое финансирование сокращается по мере повышения уровня экономического развития. Сравнение региона ВЕКЦА с другими регионами с точки зрения ВВП на душу населения свидетельствует о том, что ВЕКЦА получает значительную долю климатического финансирования в контексте развития. В 2013-2014 гг. региону ВЕКЦА в целом было выделено климатическое финансирование, сопоставимое с финансированием для Северной и Центральной Америки и Африки к северу от Сахары, – при значительно меньшем населении, чем в этих двух регионах. Таким образом, хотя ВВП на душу населения по ППС в этих двух регионах слегка выше, чем в странах ВЕКЦА, финансирование на душу населения в регионе ВЕКЦА *значительно* больше – см. Рисунок 2.2.

Рисунок 2.3. **Ежегодное климатическое финансирование в контексте развития и ВВП на душу населения по регионам**

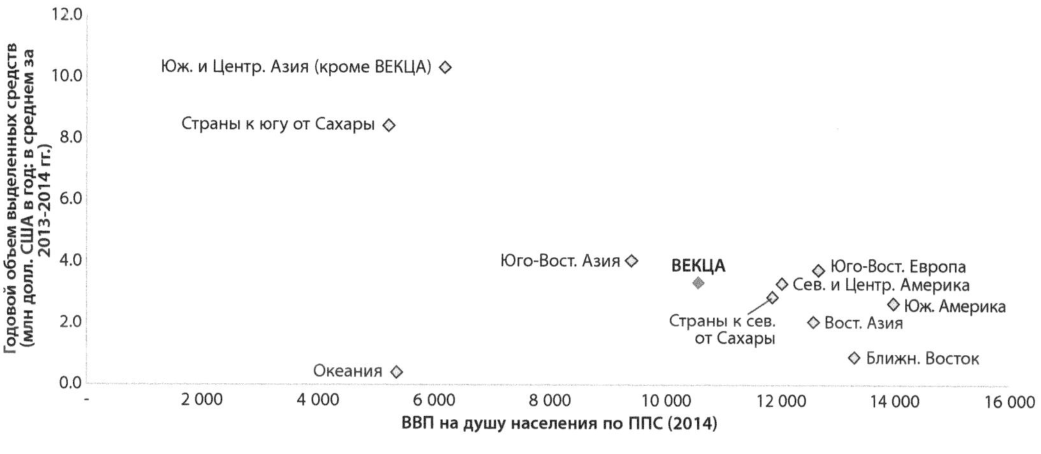

Примечание: данные включают только развивающиеся страны, являющиеся правомочными получателями ОПР.

Источники: данные о климатическом финансировании – OECD (2016a); ВВП на душу населения по ППС – World Bank (2016).

Сравнение между странами ВЕКЦА

В течение рассматриваемых двух лет, 2013-2014 гг., из 11 стран ВЕКЦА наибольшее климатическое финансирование в абсолютном значении было выделено Узбекистану и Украине; Туркменистан, Азербайджан и Кыргызстан получили относительно небольшое финансирование (Рисунок 2.4). В ряду всех финансовых обязательств в отношении региона ВЕКЦА шесть крупнейших проектов относились к Узбекистану и Украине (проекты, поддержанные Японией, Группой Всемирного Банка и ЕИБ). Это обстоятельство в значительной степени повлияло на общий «ландшафт» климатического финансирования в целях развития в регионе в 2013-2014 гг. Упомянутые проекты связаны со строительством высокоэффективных газовых теплоэлектростанций, централизованным отоплением, энергосбережением, инвестициями в инфраструктуру транспортного сектора, с управлением водными ресурсами (в контексте адаптации).

Рисунок 2.4. **Ежегодные потоки климатического финансирования в контексте развития в регионе ВЕКЦА по странам (всего в год и на душу населения: средние значения для 2013-2014 гг.)**

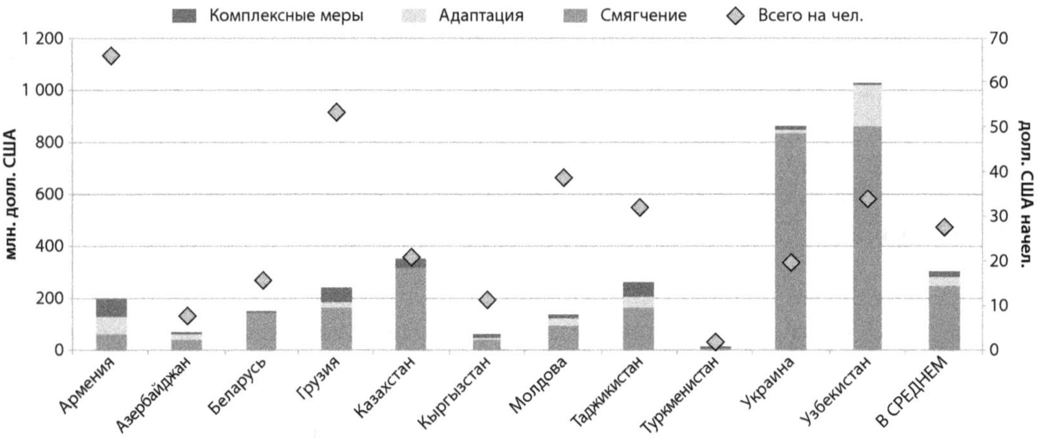

Источники: данные о климатическом финансировании – OECD (2016a); ВВП на душу населения по ППС World Bank (2016).

Среди стран, богатых ресурсами, Казахстан получил значительно больше климатического финансирования, чем Азербайджан или Туркменистан, что может быть обусловлено разными факторами, включая размер населения, потребность стран во внешнем финансировании, национальную политику и ее цели (они могут способствовать более активному привлечению международного финансирования в контексте развития), геополитические обстоятельства и интересы, объемы финансирования от партнеров, которые не охвачены Системой отчетности кредиторов ОЭСР (например, Китая и России).

Климатическое финансирование для стран с маленьким населением значительно превышает средний уровень, составляющий 27 долларов США на душу населения в год (Рисунок 2.4). Эти страны – Армения (3 миллиона человек), Молдова (3.6 миллиона), Грузия (4.5 миллиона) и Таджикистан (8.4 миллиона). Узбекистан с населением 45.6 миллиона человек также получил относительно большое финансирование на душу населения, что объясняется значительным объемом выделенного для Узбекистана климатического финансирования. С другой стороны, Азербайджан, Кыргызстан и особенно Туркменистан получили относительно небольшое финансирование на душу населения – и не только из расчета на душу населения. Климатическое финансирование, выделенное для них, было вообще меньше, чем для большинства остальных стран ВЕКЦА. Азербайджан и Туркменистан задействуют больше внутренних финансовых ресурсов, чем Кыргызстан, который относится к беднейшим странам региона (см. также Рисунок 2.5).

Рисунок 2.5. **Ежегодное климатическое финансирование в контексте развития и ВВП на душу населения (по ППС)**

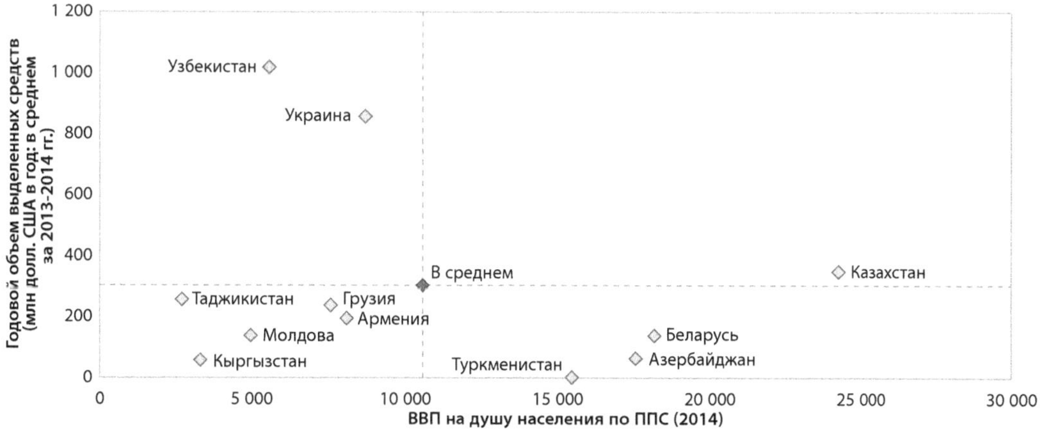

Источники: данные о климатическом финансировании – OECD (2016a); ВВП на душу населения по ППС – World Bank (2016).

ВВП на душу населения и размер климатического финансирования

Даже внутри группы стран с сопоставимым ВВП на душу населения (по ППС) объемы выделенного им климатического финансирования существенно различаются между странами ВЕКЦА (Рисунок 2.5). Например, относительно большое финансирование было выделено Узбекистану и Украине (1 миллиард и 860 миллионов долл. США в год, соответственно) – по сравнению с Молдовой и Арменией, при схожем уровне ВВП на душу населения (по ППС). Отчасти это объясняется выполнением нескольких масштабных инвестиционных программ в области энергетики, транспорта и водного хозяйства в Узбекистане и Украине в 2013-2014 гг. В Узбекистане и Украине больше население, они более индустриализированы, чем Молдова и Армения, и, видимо, в силу этого имеют бóльшие потребности в инфраструктурных инвестициях. Впрочем, из расчета на душу населения Армении и Молдове выделили больше средств, чем Узбекистану и Украине.

Объемы климатического финансирования для Казахстана, Таджикистана и Грузии примерно соответствуют среднему уровню по 11 странам ВЕКЦА, при существенных различиях в уровне доходов на душу населения. Беларусь, Азербайджан и Туркменистан имеют относительно высокий уровень ВВП на душу населения (по ППС). Может быть, эти страны больше полагаются на прямые иностранные инвестиции и/или внутренние финансовые ресурсы, хотя возможно и то, что некоторые из них не имеют существенных потребностей в финансировании климатических проектов и поэтому получают из международных государственных источников, действующих в сфере развития, относительно небольшие объемы климатического финансирования. С другой стороны, в Казахстане ВВП на душу населения выше, чем в указанных трех странах, и ему выделено больше климатического финансирования, чем в среднем странам ВЕКЦА.

Международные финансовые источники поддерживают ряд трансграничных (или региональных) проектов, каждый из которых затрагивает более чем одну страну; в частности, это проекты или программы относятся к совершенствованию региональной сети передачи электроэнергии, к противопаводковой деятельности, к управлению экосистемами и сельскохозяйственной деятельностью в трансграничных речных бассейнах, к региональному управлению лесными ресурсами, к международной дорожно-транспортной инфраструктуре. Примеры представлены ниже. Средства, выделенные для некоторых региональных проектов, направлялись участвующим в них странам и, соответственно, учитывались в Системе отчетности кредиторов ОЭСР в разбивке по странам-бенефициарам. В других случаях, когда финансирование не распределялось таким образом, оно учитывалось как «европейское региональное».

- Проект «Кавказская сеть передачи электроэнергии» – поддерживается Германий, ЕС и ЕИБ; направлен на объединение энергосистем для передачи электроэнергии и транзита между Арменией и Грузией и другими частями Южно-Кавказского региона.
- «Передача и торговля электроэнергией Центральная Азия – Южная Азия» (CASA-1000) – трансграничный проект, совместно выполняемый Кыргызстаном, Таджикистаном, Афганистаном и Пакистаном и софинансируемый несколькими многосторонними и двусторонними источниками.
- Проект «Изменение климата и безопасность в бассейне реки Днестр» – выполняется Европейской экономической комиссией ООН и Организацией по безопасности и сотрудничеству в Европе, содействует развитию сотрудничества Молдовы и Украины и укреплению их потенциала в отношении адаптации к изменению климата.
- Проект «Правоприменение и управление в лесном секторе, второй этап» (FLEG II) – финансируется ЕС, направлен на повышение эффективности усилий в области смягчения последствий и адаптации за счет совершенствования практики управления лесными ресурсами в Азербайджане, Армении, Беларуси, Грузии, Молдове, России и Украине.
- Программа «Зеленая логистика» в Черноморско-Средиземноморском регионе – поддерживается ГЭФ и ЕБРР и включает меры по уменьшению негативных последствий, связанных с грузовыми перевозками, включая выбросы ПГ, загрязнение воздуха, шумовое и вибрационное загрязнение. Эти меры должны охватить всю логистическую систему в регионе на всех ее участках и этапах.
- «Инвестиционный фонд соседства» ЕС призван содействовать мобилизации финансирования для капиталоемких инфраструктурных проектов в странах- партнерах, охваченных Европейской политикой соседства, в таких областях как транспорт, энергетика, охрана окружающей среды и социальное развитие. В регионе ВЕКЦА правомочными получателями этой помощи могут быть Азербайджан, Армения, Беларусь, Грузия, Молдова и Украина.
- Программа «Адаптация и смягчение последствий изменения климата в бассейне Аральского моря» (CAMP4ASB) – поддерживается Группой Всемирного Банка; является платформой для последовательного регионального диалога и обмена знаниями с участием всех стран Центральной Азии (включая Таджикистан и Узбекистан) по широкому кругу вопросов, связанных с изменением климата и имеющих значение для таких секторов как сельское хозяйство, управление рисками стихийных бедствий, водное хозяйство и энергетика. В 2016 г. финансирование для программы также предоставлялось

Зеленым климатическим фондом (поэтому данные по программе не включены в статистическую информацию, рассматриваемую в настоящем отчете).

- Проект "ClimaEast" – финансируется ЕС; помогает странам Восточного Партнерства (Азербайджан, Армения, Беларусь, Грузия, Молдова и Украина) в укреплении потенциала: конкретнее, в совершенствовании и имплементации климатической политики, стратегий, экономических инструментов.

Анализ климатического финансирования на уровне отдельных секторов

В 2013 и 2014 гг. крупнейшие объемы климатического финансирования, относящегося к смягчению последствий, предназначались для сектора производства и распределения энергии (электричества и тепла) – Рисунок 2.6. Это обусловлено серьезными финансовыми потребностями региона ВЕКЦА в связи с необходимостью замены или реабилитации устаревших и неэффективных энергетических мощностей и передающей инфраструктуры (IEA, 2015). На сектор производства и распределения энергии приходится более 40% совокупного климатического финансирования в контексте развития, выделенного для стран ВЕКЦА в рассматриваемый период; это значительно превышает соответствующий глобальный показатель – 27%.

Рисунок 2.6. **Ежегодное климатическое финансирование в контексте развития в странах ВЕКЦА по секторам (2013 г., млн долл. США)**

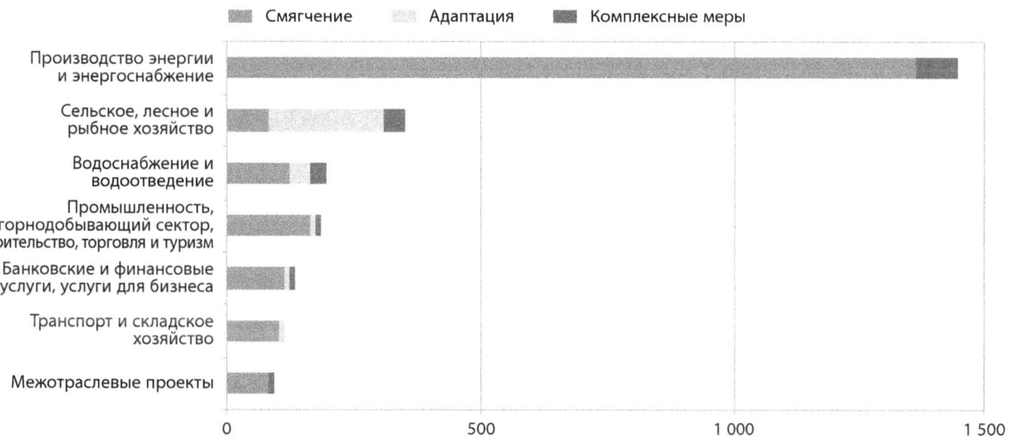

Источник: данные о климатическом финансировании – OECD (2016a).

Ввиду того, что энергоэффективные технологии пока еще не используются широко во многих странах ВЕКЦА, регион имеет значительные перспективы и потенциал в отношении инвестиций в низкоуглеродную энергетическую инфраструктуру и оборудование (EBRD, 2014; IEA, 2015). Экономически наименее развитые страны, такие как Кыргызстан и Таджикистан, без развития энергетического сектора не смогут искоренить бедность и встать на траекторию устойчивого развития. В большинстве стран ВЕКЦА (особенно в тех, где нет достаточных природных ресурсов) дальнейшие инвестиции в энергетическую инфраструктуру необходимы и для повышения энергетической безопасности страны. Энергосбережение и повышение энергоэффективности в жилищном секторе (в частности, за счет утепления) позволит существенно смягчить те факторы бедности, которые связаны с энергопотреблением. Население ежемесячно платит за энергию большие суммы из-за низкой энергоэффективности зданий и оборудования, используемого в домах и квартирах. В Таджикистане зимой оплата энергии составляет 14-25% суммарных расходов домохозяйств (GERES, 2014). Развитие гидроэнергетики имеет значение и для смягчения последствий изменения климата, и для адаптации к нему. Состояние гидроэнергетики особенно важно для стран, полагающихся на нее в значительной степени (Армения, Грузия, Кыргызстан, Таджикистан). С точки зрения гидроэнергетики изменение климата чревато такими проблемами как уменьшение количества осадков, непостоянство дождей, уменьшение весеннего стока (с ледников и за счет таяния снега).

Значительная доля климатического финансирования в контексте развития, выделенного для региона ВЕКЦА, относилась также к сельскому, лесному и рыбному хозяйству, сектору водоснабжения и водоотведения – они особенно важны в контексте адаптации. Около 10% климатического финансирования для сельского, лесного и рыбного хозяйства – эта пропорция примерно соответствует глобальному уровню. В сельских районах некоторых стран ВЕКЦА ряд мер в сельском хозяйстве может способствовать борьбе с бедностью и низкоуглеродному развитию, устойчивому к изменению климата. В регионе широко выполняются проекты агромелиорации. В водном секторе приоритетной является модернизация сооружений, исчерпавших плановые сроки эксплуатации, – их много даже в странах с относительно хорошо развитой инфраструктурой водоснабжения и водоотведения (ВСиВО), таких как Украина (World Bank, 2014). Еще одна проблема – во многих развивающихся странах, включая некоторые страны ВЕКЦА, планы развития и инвестиций, относящиеся к водной инфраструктуре, зачастую не учитывают долгосрочные аспекты и последствия климатических изменений.

Меры по адаптации к изменению климата влекут за собой позитивные изменения и в сфере здравоохранения. В связи с этим в регионе ВЕКЦА можно указать на ряд проектов в области ВСиВО, сельского хозяйства и производства продовольствия, управления рисками стихийных бедствий (подробнее – в страновых отчетах). Приемлемое по стоимости сельскохозяйственное страхование (например, страхование урожая) может стать важным инструментом, который помогал бы фермерам финансово подготовиться к климатическим рискам и минимизировал их экономические потери в случае стихийных бедствий. В регионе ВЕКЦА страховые инструменты такого рода пока еще не получили серьезного развития.

Ряд стран (например, Беларусь, Грузия и Кыргызстан), ПОНУВ которых прямо определяет сельское и лесное хозяйство как приоритетные секторы, в 2013-2014 гг. получили значительно меньшее финансирование для адаптации, чем для смягчения последствий в других секторах, таких как энергетика. Так, в случае Беларуси выделенное финансирование для смягчения и адаптации в сельском и лесном хозяйстве в 2013-2014 гг. было почти нулевым. ПОНУВ Грузии оценивает суммарные годовые затраты на адаптацию в 2021-2030 гг. на уровне 150-200 миллионов долларов США (Правительство Грузии, 2015), однако в 2013 и 2014 гг. климатическое финансирование в контексте развития, относящееся к адаптации, составило всего 19 миллионов долларов в год. Во многих случаях инвестиции в этих секторах могли бы (со-) финансироваться из внутренних источников; странам ВЕКЦА и их партнерам было бы полезно проанализировать дальнейшие возможности финансирования климатической политики в этих секторах.

Что касается банковского и финансового сектора в регионе ВЕКЦА: некоторые местные банки поддерживают инвестиции в сфере энергоэффективности и проекты в области возобновляемой энергии, используя кредитные линии АБР, ЕБРР, ЕИБ, МФК, банка развития KfW и т.д. В рамках таких проектов, использующих международные кредитные линии, техническая помощь зачастую предоставляется и местным банкам, обслуживающим кредитные линии: при поддержке доноров, таких как ЕС и Климатические инвестиционные фонды, в форме грантов или льготных кредитов. Эта помощь призвана укрепить потенциал местных финансовых институтов в отношении соответствующих технологий и финансовых инструментов (знания, компетенции). Подробнее об этом – в отчетах по отдельным странам (OECD, 2016c).

Интеграция природоохранных и климатических соображений в финансирование в целях развития

На Рисунке 2.7 представлены доли финансирования в контексте развития, относящиеся к «климатическим» целям, из одних и тех же многосторонних и двусторонних источников для ключевых секторов стран ВЕКЦА. Примечателен «климатический» характер 69% финансирования для энергетического сектора и особенно то, что финансирование в целях смягчения последствий больше, чем в мире в среднем (60%). Представляется, что странам ВЕКЦА следует активнее заниматься проектами, повышающими «климатическую устойчивость» энергетического сектора за счет мер адаптации, – особенно странам, наиболее уязвимым перед изменением климата, таким как Таджикистан и Кыргызстан. В сельском хозяйстве доля климатического финансирования, относящаяся к адаптации, больше, но его общий уровень (включая и смягчение, и адаптацию) – 26% – значительно ниже среднего глобального (доля климатического компонента в финансировании в целях развития – 40%).

Рисунок 2.7. **Доля климатического финансирования в суммарном финансировании в целях развития из двусторонних и многосторонних источников для ключевых секторов стран ВЕКЦА**

Источник: OECD (2016a).

Следует наращивать усилия и по сокращению выбросов ПГ, имея в виду (среди прочего) уязвимость к климатическим изменениям в связи с транспортным сектором: в поддержку низкоуглеродных, «климатически устойчивых» транспортных систем выделяется слишком незначительная доля финансирования в контексте развития (5% в регионе ВЕКЦА и 31% в мире). Водный сектор: в странах ВЕКЦА климатический компонент в общем финансировании в целях развития соответствует среднемировому уровню (37%); при этом выделенное для водного сектора финансирование, относящееся к смягчению последствий, значительно больше среднемирового уровня (21% в ВЕКЦА и 3% в мире), что обусловлено необходимостью модернизации старой, неэффективной инфраструктуры в водном хозяйстве стран ВЕКЦА. Интеграция финансирования в целях развития и глобальной климатической повестки подробнее рассматривается в другой публикации ОЭСР – см. OECD 2015b.

Каналы финансирования

В 2013-2014 гг. регион ВЕКЦА получил больше климатического финансирования от многосторонних банков развития (61.7%), чем от двусторонних доноров (29.6%) – см. Рисунок 2.8. Это расходится с общемировой тенденцией (с учетом всех стран-бенефициаров): в среднем, на двусторонней основе предоставляется значительно больше климатического финансирования (51%), чем из многосторонних источников (37.5%). Большинство стран ВЕКЦА, являющихся правомочными получателями ОПР, относится к странам с уровнем доходов ниже среднего (ВНД на душу населения: 1046-4125 долл. США) или выше среднего (4126-12745 долл. США). В контексте финансирования в целях развития, включая климатическое финансирование, такие страны шире используют кредиты из многосторонних источников, а экономически менее развитые страны больше полагаются на гранты. Среди прочего, практика заимствований из институциональных, государственных источников препятствует искажению рыночных механизмов и «вытеснению» частного финансирования.

Рисунок 2.8. **Каналы, по которым предоставляется климатическое финансирование в контексте развития**

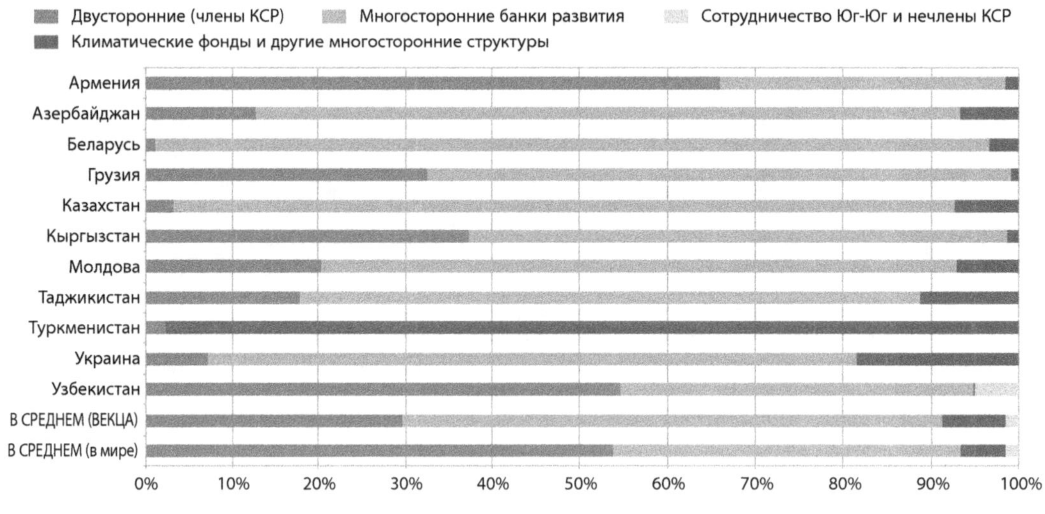

Источник: OECD (2016a).

Отдельные страны ВЕКЦА получают климатическое финансирование по разным каналам. В общем, с повышением уровня экономического развития и/или зрелости национальных финансовых систем основными становятся многосторонние источники, хотя здесь играют роль и другие факторы – например, геополитические интересы и исторически установившиеся связи с партнерами, предоставляющими финансирование. Нужно понимать, что нами используются ограниченные данные всего за два года, 2013-2014 гг., и несколько масштабных проектов могут изменить общую картину. Например, Армения (инфраструктурные проекты в энергетике, водном и сельском хозяйстве, поддержанные Германией) и Узбекистан (масштабное строительство электростанций при поддержке Японии) получают значительную часть финансирования по двусторонним каналам. Туркменистан, которому среди стран ВЕКЦА выделено меньше всего климатического финансирования, получает его через ГЭФ (для энергетического сектора и сельского хозяйства). Таким образом, ряд масштабных проектов способен изменить структуру финансовой поддержки региону ВЕКЦА в 2013-2014 гг. (данные по странам – Рисунок 2.8).

Что касается многосторонних источников: значительные объемы климатического финансирования для различных секторов были предоставлены Европейским банком реконструкции и развития, Группой Всемирного Банка (Международный банк реконструкции и развития, Международная ассоциация развития и Международная финансовая корпорация), Азиатским банком развития и Европейским инвестиционным банком – см. Рисунок 2.9. Далее, заметную роль в поддержке стран ВЕКЦА играют многосторонние климатические фонды: КИФ (энергоэффективность централизованного отопления и производство возобновляемой энергии в Украине, программы по адаптации к изменению климата для сельских районов и в энергетическом секторе в Таджикистане и т.д.) и фонды под управлением ГЭФ (различные программы по укреплению потенциала в дополнение к капитальным инвестициям и другие инициативы).

Среди двусторонних доноров наибольший объем климатического финансирования в целях развития в 2013-2014 гг. был выделен Японией – в основном в связи со строительством крупных газовых теплоэлектростанций в Туракургане и Навои в Узбекистане (помимо других проектов). Далее, к основным источникам климатического финансирования в целях развития относятся Германия, ЕС и Швейцария; они поддерживают большое количество проектов – в первую очередь связанных с адаптацией (управление водными ресурсами, сельское и лесное хозяйство), но также и со смягчением последствий. Двусторонние доноры также предоставляют климатическое финансирование через МБР и климатические фонды: оно учитывается в данных по соответствующим многосторонним источникам.

В последнее десятилетие быстро растет количество международных климатических фондов, разнообразнее становятся каналы климатического финансирования. В Таблице 2.1 перечисляются главные из таких международных климатических фондов и финансовых механизмов; указываются страны ВЕКЦА, которые обращаются к каждому из этих источников. Многие страны региона уже пользуются средствами международных климатических фондов, действующих как самостоятельные структуры или финансируемых из двусторонних и многосторонних источников.

Рисунок 2.9. **Основные партнеры, предоставляющие странам ВЕКЦА климатическое финансирование в контексте развития**

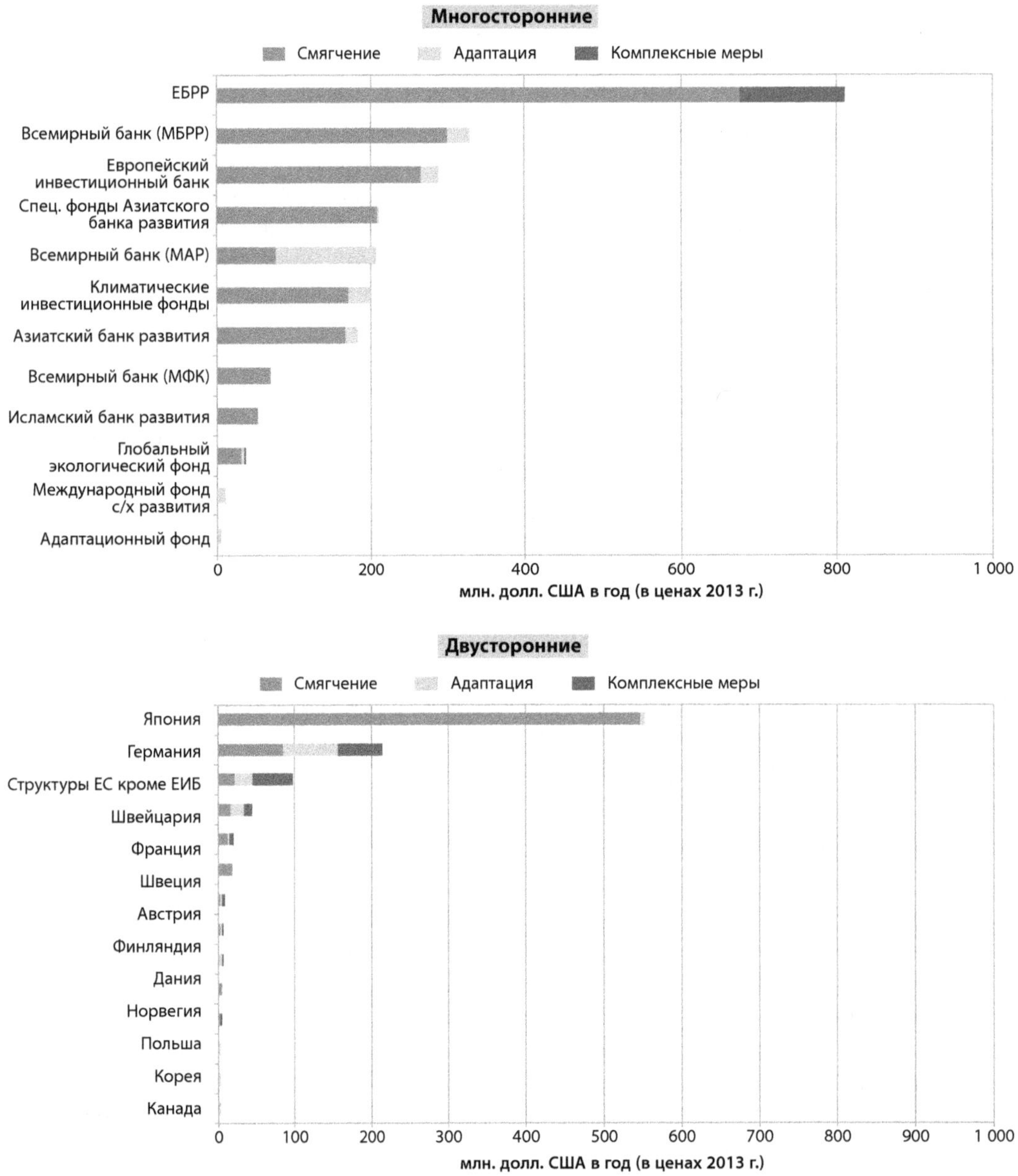

Примечание: финансирование из средств Климатических инвестиционных фондов направляется через Фонд чистых технологий или Пилотную программу по адаптации к изменению климата.

Источник: OECD (2016a).

Таблица 2.1. **Примеры климатических фондов/финансовых механизмов (по состоянию на август 2016 г.)**

Названия фондов/механизмов	АЗР	АРМ	БЕЛ	ГРУ	КЗХ	КРГ	МЛД	ТДЖ	ТКМ	УЗБ	УКР
Зеленый климатический фонд		X						X		X	
Глобальный экологический фонд (трастовый фонд, занимается климатической проблематикой)	X	X	X	X	X	X	X	X	X	X	X
Специальный климатический фонд (Special Climate Change Fund), под управлением ГЭФ	X			X	X	X	X	X	X	X	
Фонд адаптации в рамках РКИК ООН				X					X	X	
Международная климатическая инициатива (IKI) Германии	X	X	X	X	X	X	X	X	X	X	X
Восточноевропейское партнерство «Энергоэффективность и окружающая среда» (E5P)	X	X	X	X			X				X
Инвестиционный фонд соседства ЕС (NIF)	X	X	X	X			X				X
Фонд чистых технологий (один из Климатических инвестиционных фондов)					X						X
Пилотная программа по адаптации к изменению климата (Климатические инвестиционные фонды)						X		X			
Программа развития возобновляемой энергетики в странах с низким уровнем доходов (Климатические инвестиционные фонды)		X									
Механизм финансирования устойчивой энергетики, ЕБРР		X	X	X	X	X	X	*			X
Глобальный фонд по снижению опасности стихийных бедствий и восстановлению				X		X	X	X	X	X	
Глобальный фонд энергоэффективности и возобновляемой энергетики (GEEREF)				X							
Климатическая технологическая инициатива(CTI), Консультативная сеть по частному финансированию (PFAN)	X	X		X			X				X
Международный климатический фонд (Великобритания)					X						X
Фонды Северной экологической финансовой корпорациия (NEFCO)											X
Партнерство по готовности к рынку											X
Программа по адаптации к изменению климата для малых сельских хозяйств						X					
Инвестиционный фонд для Центральной Азии (IFCA)					X	X		X	X	X	
«Зеленый фонд для роста» в Юговосточной Европе	X	X		X			X				X
Глобальный фонд климатического партнерства											X

Примечание: ЕБРР организовал механизм финансирования в области адаптации (*Climate Resilience Financing Facility*) для Таджикистана во взаимодействии с Климатическими инвестиционными фондами.

Источники: CIF (n.d.a., n.d.b., n.d.c.); CTI PFAN (n.d.); EBRD (n.d.a., n.d.b.); EIB (n.d.), GFDRR (n.d.); Global Climate Partnership Fund (n.d.); Green for Growth Fund (n.d.); IFAD (n.d.); Nordic Environment Finance Corporation (n.d.); European Commission (2015a, 2015b); International Climate Fund (2015); OECD (2015a); Adaptation Fund (2016); GCF (2016); GEF (2016); German Federal Ministry for the Environment, Nature Conservation, Building and Nuclear Safety (2016); Partnership for Market Readiness (2016).

Рамочный механизм РКИК ООН опирается на две структуры: Зеленый климатический фонд (ЗКФ) и Глобальный экологический фонд (ГЭФ). ГЭФ также является финансирующей организацией в рамках других многосторонних природоохранных соглашений, таких как конвенции о биологическом разнообразии и о борьбе с опустыниванием. Получателями климатического финансирования из ГЭФ являются все страны ВЕКЦА. Используя данные за 2013-2014 гг., мы не рассматриваем финансирование из средств ЗКФ, однако известно, что по состоянию на 1 июля 2016 г. Совет ЗКФ утвердил два проекта для ВЕКЦА. Первый выполняется вместе с ПРООН в Армении и связан с минимизацией рисков и увеличением инвестиций в программу модернизации/энергоэффективности зданий (финансирование ЗКФ: 20 миллиона долларов США); второй – проект в поддержку программы Всемирного Банка по адаптации и смягчению последствий изменения климата в бассейне Аральского моря в Таджикистане и Узбекистане (финансирование ЗКФ: 19 млн долл.). Эти проекты получают финансирование в режиме «доступа через международные организации» – ПРООН и Всемирный Банк, соответственно.

Далее, страны Восточного партнерства ЕС (Азербайджан, Армения, Беларусь, Грузия, Молдова и Украина) имеют доступ к финансированию, предоставляемому Инвестиционным фондом соседства ЕС и партнерством «Энергоэффективность и окружающая среда в Восточной Европе» (E5P). Большое количество проектов в регионе ВЕКЦА поддерживалось и поддерживается Международной климатической инициативой (под эгидой Германии) и Фондами устойчивой энергетики ЕБРР.

Финансовые инструменты

Для предоставления странам ВЕКЦА международного климатического финансирования используются различные финансовые инструменты: гранты, льготное и коммерческое кредитование, участие в акционерном капитале (Рисунок 2.10). В 2013-2014 гг. больше всего использовались кредиты МБР на обычных, коммерческих условиях. Двусторонние каналы являются основными в отношении грантов и льготного кредитования в контексте технической помощи, капитальных инвестиций и софинансирования проектов, выполняемых за счет

Рисунок 2.10. **Климатическое финансирование для ВЕКЦА: финансовые инструменты и каналы в 2013-2014 гг.**

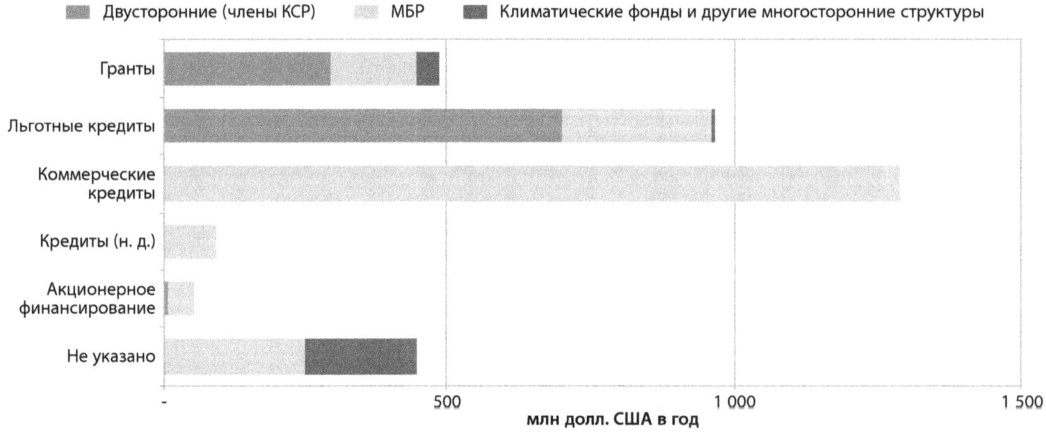

Источник: OECD (2016a).

коммерческих кредитов МБР. Двусторонние доноры предоставляют финансирование и через многосторонние организации (добровольные взносы в климатические фонды). Некоторые МБР и климатические фонды (например, Международная ассоциация развития, входящая в Группу Всемирного Банка, и ГЭФ) также предоставляют странам ВЕКЦА гранты и льготное финансирование.

Гранты часто используются в контексте технической помощи, играющей, прямо или опосредованно, серьезную роль в мобилизации ресурсов для финансирования климатической политики. Техническая помощь служит нескольким важнейшим целям – это устранение пробелов в знаниях и компетенциях, понимание странами климатических рисков и необходимости реагировать на них надлежащим образом и, далее, укрепление потенциала заинтересованных сторон в отношении разработки и реализации мер и инструментов политики в ответ на климатические риски. Техническая помощь также содействует уменьшению инвестиционных рисков – в частности, обеспечивая наличие технологических данных, имеющих значение для тех или иных мер политики, или информации, относящейся к климату и погоде. Опираясь на такую информацию и знания, инициаторы и инвесторы проектов могут увереннее разрабатывать проектные планы и принимать финансовые решения (CPI and OECD, 2015).

В регионе ВЕКЦА техническая помощь включает проекты по укреплению потенциала (разработка национальных планов приемлемых действий по смягчению последствий изменения климата, подготовка национальных сообщений для РКИК ООН и ПОНУВ) и – в более широком смысле – помощь странам в разработке политики, обучении персонала ведомств и других заинтересованных групп и т.д. Например, ЕС передает значительное грантовое финансирование в Фонды устойчивой энергетики ЕБРР через Инвестиционный фонд соседства ЕС для помощи местным финансовым институтам в регионе ВЕКЦА в развитии их потенциала для финансирования проектов в области смягчения последствий изменения климата.

Используемые инструменты климатического финансирования существенно различаются между отдельными странами ВЕКЦА (Рисунок 2.11); их выбор зависит от целого ряда факторов – это типы проектов, задействованные технологии, особенности национальных финансовых систем, страновая специфика рисков и т.д. Страны в основном используют кредитование (в частности, льготные кредиты для строительства или модернизации теплоэлектростанций, ирригационных систем, транспортной инфраструктуры); в случае Таджикистана и Кыргызстана – стран с более низким уровнем доходов – больше доля грантового финансирования. Примеры грантового финансирования: грант АБР для модернизации ГЭС «Головная» в Таджикистане; «адаптационные» проекты в лесном и сельском хозяйстве Кыргызстана, в основном поддерживаемые Германией. Примеры акционерного финансирования (пока не получившего широкого применения в регионе ВЕКЦА): участие ЕИБ и банка KfW в Зеленом фонде для роста – Green for Growth Fund II (Армения, Украина, Грузия); проект АБР в области гидроэнергетики в Армении.

Для финансирования климатических проектов и программ часто используется сочетание разных финансовых инструментов. Так, Фонд чистых технологий предоставляет льготные кредиты для ряда демонстрационных проектов в регионе ВЕКЦА, связанных с заимствованием и внедрением низкоуглеродных технологий. В основном, льготные кредиты – это софинансирование проектов, поддерживаемых ЕБРР посредством коммерческого кредитования.

Рисунок 2.11. **Финансовые инструменты, используемые в регионе ВЕКЦА**

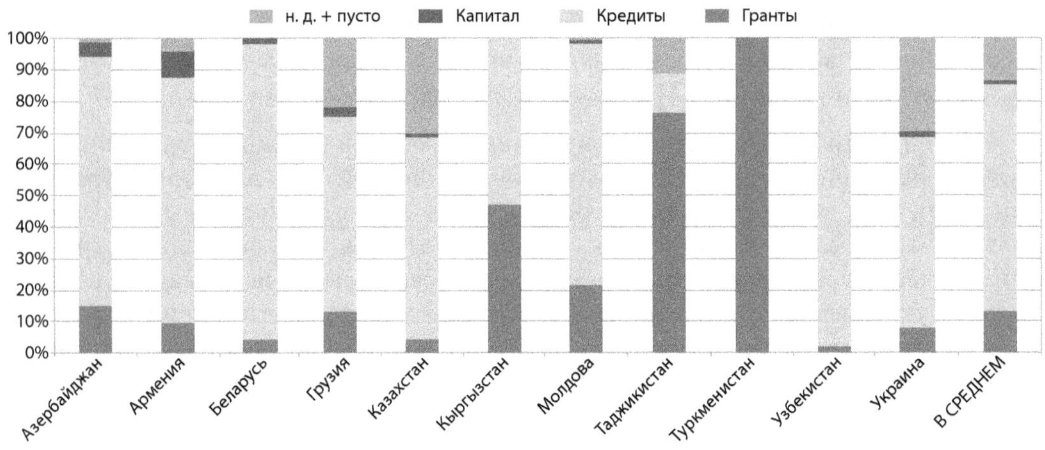

Источник: OECD (2016a).

Источники информации

ADB (2013), "Kyrgyz Republic: water Supply and Sanitation Strategy" *(АБР, 2013 г, «Кыргызская Республика: стратегия в области водоснабжения и водоотведения»)*, www.adb.org/projects/46350-001/main (по состоянию на 24 октября 2016 г.).

Adaptation Fund (2016). Фонд адаптации, 2016 г. «Карта проектов», www.adaptation-fund.org/projects-programmes/project-information/projects-map-view/ (по состоянию на 24 октября 2016 г.).

CIF (n.d.a). Климатические инвестиционные фонды, сайт Фонда чистых технологий www-cif.climateinvestmentfunds.org/fund/clean-technology-fund (по состоянию на 24 октября 2016 г.).

CIF (n.d.b). Климатические инвестиционные фонды, сайт Пилотной программы по адаптации к изменению климата, www-cif.climateinvestmentfunds.org/fund/pilot-program-climate-resilience (по состоянию на 24 октября 2016 г.).

CIF (n.d.c). Климатические инвестиционные фонды, сайт программы «Развитие возобновляемой энергетики» (SREP), www-cif.climateinvestmentfunds.org/fund/scaling-renewable-energy-program (по состоянию на 24 октября 2016 г.).

CPI and OECD (2015), *Estimating Mobilized Private Finance for Adaptation: Exploring Data and Methods (Инициатива «Климатическая политика» и ОЭСР, 2015 г. «Оценка мобилизованного частного финансирования в сфере адаптации: данные и методы»),* Climate Policy Initiative, Лондон, и OECD Publishing, Париж, http://climatepolicyinitiative.org/publication/estimating-mobilized-private-finance-for-adaptation-exploring-data-and-methods/.

CTI PFAN (n.d.), "CTI Private Financing Advisory Network" *(Климатическая технологическая инициатива, Консультативная сеть по частному финансированию)*, www.cti-pfan.net/region/?rp=cis-central-asia (по состоянию на 24 октября 2016 г.).

EBRD (2014), "CEEP – Demirbank Azerbaijan" *(ЕБРР, 2014 г. «Кавказская программа энергоэффективности – Демирбанк, Азербайджан)*, www.ebrd.com/work-with-us/projects/psd/ceep---demirbank-azerbaijan.html (по состоянию на 24 октября 2016 г.).

EBRD (n.d.a). ЕБРР, ведущий многосторонний донорский Фонд в поддержку энергоэффективности и природоохранных инвестиций в регионе Восточного партнерства, http://e5p.eu/wp-content/uploads/2014/12/E5P%20Brochure-English.pdf (по состоянию на 2 ноября 2016 г.).

EBRD (n.d.b). Фонды устойчивой энергетики ЕБРР, www.ebrd.com/what-we-do/sectors-and-topics/sustainable-resources/seffs.html (по состоянию на 24 октября 2016 г.).

EIB (n.d.). ЕИБ, Глобальный фонд энергоэффективности и возобновляемой энергетики, www.geeref.com.

European Commission (2015a). Европейская Комиссия, 2015 г. Инвестиционный фонд соседства, www.ec.europa.eu/enlargement/neighbourhood/neighbourhood-wide/neighbourhood-investment-facility/index_en.htm.

European Commission (2015b), Investment Facility for Central Asia, Asia Investment Facility and Investment Facility for the Pacific Operational Report 2013 and 2014 *(Европейская Комиссия, 2015 г. «Инвестиционный фонд для Центральной Азии, Азиатский инвестиционный фонд, Инвестиционный фонд для Тихоокеанского региона. Оперативный отчет за 2013 и 2014 гг.»)*, www.ec.europa.eu/europeaid/investment-facility-central-asia-ifca-asia-investment-facility-aif-investment-facility-pacific-ifp_en.

GCF (2016). ЗКФ, 2016 г. Портфель Зеленого климатического фонда, www.greenclimate.fund/ventures/portfolio (по состоянию на 1 сентября 2016 г.).

GEF (2016). ГЭФ, 2016 г. Проекты ГЭФ, www.thegef.org/projects (по состоянию на 24 октября 2016 г.)

GERES (2014). "Energy Efficiency for Improved Living Conditions in Tajikistan" *(Группа «Окружающая среда, возобновляемая энергия и солидарность» – GERES, 2014 г. «Энергоэффективность и улучшение условий жизни в Таджикистане»)* www.geres.eu/images/fiches/Project-PIGHOT-Tajikistan-EN.pdf (по состоянию на 24 октября 2016 г.).

GFDRR (n.d.). Глобальный фонд по снижению опасности стихийных бедствий и восстановлению (GFDRR): Европа и Центральная Азия, www.gfdrr.org/region/europe-and-central-asia (по состоянию на 24 октября 2016 г.).

Global Climate Partnership Fund (n.d.). Глобальный фонд климатического партнерства, портфель Фонда: www.gcpf.lu/portfolio.html (по состоянию на 24 октября 2016 г.).

Green for Growth Fund (n.d.). Зеленый фонд для роста, портфель проектов Фонда: www.gcpf.lu/portfolio.html (по состоянию на 24 октября 2016 г.).

IEA (2015), Energy Policies Beyond IEA Countries: Caspian and Black Sea Regions 2015 *(МЭА, 2015 г. «Энергетическая политика в странах, не входящих в МЭА: Каспийский и Черноморский регионы»)* IEA/OECD Publishing, Париж, http://dx.doi.org/10.1787/9789264228719-en.

IFAD (n.d.). Международный фонд сельскохозяйственного развития, Программа по адаптация к изменению климата для малых хозяйств (ASAP), www.ifad.org/en/topic/asap/tags/climate_change/2782790 (по состоянию на 24 октября 2016 г.).

International Climate Fund (2015). Международный климатический фонд, «Портфель проектов фонда в мире», www.gov.uk/government/publications/international-climate-fund/international-climate-fund#our-portfolio-across-the-world (по состоянию на 24 октября 2016 г.).

Nordic Environment Finance Corporation (n.d.), "Geographical areas: Europe" *(Северная экологическая финансовая корпорация. «Географические регионы: Европа»)*, www.nopef.com/cases/europe/ (по состоянию на 24 октября 2016 г.).

OECD (2016a), "Project-level Data for every Climate-related Development Finance Project in 2013-14", *Climate Change: OECD DAC External Development Finance Statistics* (database), *(ОЭСР, 2016 г. «Данные проектного уровня для всех проектов, получивших климатическое финансирование в целях развития в 2013-2014 гг.». Изменение климата: Статистика КСР по внешнему финансированию в целях развития, база данных)* www.oecd.org/dac/stats/climate-change.htm (по состоянию на 24 октября 2016 г.).

OECD (2016b), "Annex 18. Rio markers", *Revised Definition and Guidance for the Climate Rio Markers (ОЭСР, 2016 г. «Приложение 18. Маркеры Рио». Определение и рекомендации в новой редакции)*, DCD/DAC(2016)3/ADD2/FINAL, OECD Publishing, Париж, www.oecd.org/dac/environment-development/Annex%2018.%20Rio%20markers.pdf.

OECD (2016c), *Environmental Lending in EU Eastern Partnership Countries, Green Finance and Investment (ОЭСР, 2016 г. «Экологическое кредитование в странах Восточного партнерства ЕС». Зеленые финансы и инвестиции)*, OECD Publishing, Париж, http://dx.doi.org/10.1787/9789264252189-en.

OECD (2015a), *Climate Fund Inventory Database* (database), *(ОЭСР, 2015 г. Учетная база данных Климатического фонда (база данных)*, http://qdd.oecd.org/subject.aspx?subject=climatefundinventory (по состоянию на 24 октября 2016 г.).

OECD (2015b), "Climate-related development finance in 2013-14" *(ОЭСР, 2015 г. «Климатическое финансирование в целях развития в 2013-2014 гг.»)* (проспект), Комитет ОЭСР по содействию развитию, Париж, www.oecd.org/dac/environment-development/Climate-related-dev-finance-ENG.pdf.

Partnership for Market Readiness (2016). Партнерство по готовности к рынку, участники: www.eurasia.undp.org/content/rbec/en/home/library/environment_energy/renewable-energy-snapshots.html (по состоянию на 24 октября 2016 г.).

UNDP (2014), "UNDP in Central Europe and Asia Renewable Energy Snapshots" *(ПРООН, 2014 г. ПРООН и возобновляемая энергетика: Центральная Европа и Азия»)*, www.eurasia.undp.org/content/rbec/en/home/library/environment_energy/renewable-energy-snapshots.html (по состоянию на 24 октября 2016 г.).

UNECE and REN21 (2015), "The UNECE Renewable Energy Status Report" *(ЕЭК ООН и сеть «Возобновляемая энергия для 21-го века» (REN21), 2015 г. «Отчет ЕЭК ООН о текущей ситуации в области возобновляемой энергетики»)*, Париж, www.unece.org/energywelcome/areas-of-work/renewable-energy/unece-renewable-energy-status-report.html.

UNFCCC (2015), *Adoption of the Paris Agreement*, Decision 1/CP.21 *(РКИК ООН, 2015 г. Принятие Парижского соглашения, Решение1/CP.21)* http://unfccc.int/resource/docs/2015/cop21/eng/l09r01.pdf.

World Bank (2016), *World Development Indicators (Всемирный Банк, 2016 г. Показатели мирового развития)* (база данных), http://data.worldbank.org/data-catalog/world-development-indicators (по состоянию на 24 октября 2016 г.).

World Bank (2014), District Heating Energy Efficiency *(Всемирный Банк, 2014 г. «Энергоэффективность систем центрального отопления»)* P132741, экспертиза проекта, Группа Всемирного Банка, www-wds.worldbank.org/external/default/WDSContentServer/WDSP/IB/2014/05/09/000333037_20140509114356/Rendered/PDF/PAD7970REVISED0PUBLIC00R20140009301.pdf (по состоянию на 24 октября 2016 г.).

Правительство Грузии (2015). Предполагаемый национально определяемый вклад Грузии, представленный органам РКИК ООН. Министерство охраны окружающей среды и природных ресурсов Грузии, Тбилиси, Грузия, www4.unfccc.int/submissions/INDC/Published%20Documents/Georgia/1/INDC_of_Georgia.pdf.

Федеральное министерство Германии по окружающей среде, охране природы, строительству и безопасности ядерных реакторов, страница Международной климатической инициативы, www.international-climate-initiative.com/en/nc/projects/projects/ (по состоянию на 24 октября 2016 г.).

Глава 3

Оценка готовности стран к освоению климатического финансирования

Повышение «уровня готовности» стран к увеличению объемов выделяемого им международного климатического финансирования – одно из важнейших условий перехода стран ВЕКЦА к низкоуглеродной экономике, устойчивой к изменению климата. В третьей главе рассматриваются подходы, которые могут использоваться странами ВЕКЦА и их партнерами для оценки «готовности» стран к расширению доступа к климатическому финансированию и, далее, для определения направлений, на которых требуются улучшения. Опираясь на анализ программ подготовки к климатическому финансированию, которые уже выполняются некоторыми международными партнерами, действующими в сфере сотрудничества в целях развития, мы обращаемся к ключевым вопросам, определяющим готовность стран ВЕКЦА к увеличению климатического финансирования. Они сгруппированы следующим образом: (а) *плановые цели, стратегии и меры политики;* (б) *укрепление институционального потенциала;* (в) *разработка программ и проектов, и* (г) *имплементация, мониторинг, оценка, осмысление полученного опыта и обучение.*

Контекст

Для достижения целей своей климатической политики и постановки более амбициозных задач в будущем страны ВЕКЦА нуждаются в увеличении финансирования из различных источников – в условиях, когда архитектура климатического финансирования становится всё сложнее. Повышение «готовности» стран ВЕКЦА к получению и освоению бóльших объемов международного климатического финансирования ускорит их переход к низкоуглеродной экономике, устойчивой к изменению климата. «Готовность» понимается как совокупность различных элементов (надлежащие рамочные системы, надежный институциональный и кадровый потенциал, эффективные системы мониторинга и оценки), делающая возможным доступ к определенным источникам климатического финансирования.

«Повышение готовности» связано с разноплановыми мерами; целесообразно, чтобы сначала страны оценили свой уровень готовности, проанализировали возможности улучшений и определили приоритетные направления усилий. Этим задачам и посвящена настоящая глава. Опираясь на программы и подходы, уже реализуемые партнерами, причастными к сотрудничеству в целях развития (Таблица 3.1), мы формулируем ряд ключевых вопросов, которые помогут странам ВЕКЦА оценить свою «готовность» и наметить приоритетные меры по ее повышению. Следует отметить, что настоящий отчет не предполагает финансирование только из Зеленого климатического фонда – условия доступа к ЗКФ рассматриваются так подробно для примера (Вставка 3.1).

Как видно из Таблицы 3.1, многосторонние и двусторонние партнеры уже помогают странам в повышении «готовности к климатическому финансированию»; это ЗКФ, ГЭФ и другие двусторонние и многосторонние организации – Германское общество по международному сотрудничеству (GIZ), банк развития KfW, ЮНЕП, ПРООН, Институт мировых ресурсов (WRI). «Программы готовности» выполняются или запланированы в Грузии, Казахстане, Молдове, Таджикистане и Узбекистане. О некоторых из них подробнее говорится ниже.

Таблица 3.1. **Примеры программ/подходов, направленных на повышение готовности стран к использованию климатического финансирования**

Организация	Название программы или подхода
Зеленый климатический фонд	Программа готовности и подготовительной помощи (Программа готовности)
GIZ и KfW	Программа готовности к климатическому финансированию (CF Ready), поддерживается Министерством экономического сотрудничества и развития Германии
ЮНЕП, ПРООН, WRI	Программа готовности ЗКФ (поддерживается Министерством окружающей среды, охраны природы, строительства и безопасности ядерных реакторов)
Глобальный экологический фонд	Программа помощи странам ГЭФ (CSP)

Источники: GEF (n.d.); GIZ (2013a); OECD (2015a); UNEP, UNDP and WRI (2015); GCF (2016b, 2015).

Вставка 3.1. **Ключевые организации и их функции в отношении доступа к ресурсам Зеленого климатического фонда**

Являясь «операционным» элементом Финансового механизма РКИК ООН с 2014 года, ЗКФ распределяет международное климатическое финансирование, полученное из различных источников (в основном от экономически развитых стран, но также и от стран с развивающейся и переходной экономикой), для поддержки в развивающихся странах проектов в целях смягчения последствий изменения климата и адаптации к нему. Организации, получающие доступ к ЗКФ и причастные к климатическому финансированию, относятся к нескольким категориям:

Назначаемые национальные организации (ННО): каждая страна, осуществляющая деятельность, которая финансируется ЗКФ, должна назначить организацию для координации взаимодействия страны с Фондом. ННО выполняет различные функции: созывает представителей заинтересованных сторон; осуществляет стратегический контроль деятельности, финансируемой из средств ЗКФ, обеспечивая ее соответствие национальным приоритетам; согласовывает предложения по проектам/программам; утверждает «программы готовности»; возможно, предлагает (номинирует) национальные или региональные аккредитованные организации, которые могут получить прямой доступ к Фонду. Региональные, национальные или субнациональные организации, желающие получить аккредитацию ЗКФ, перед обращением за аккредитацией должны заручиться номинационным письмом ННО своей страны или страны, в которой они планируют работать.

Аккредитованные организации: аккредитованная организация – национальная, региональная или международная организация, отвечающая за реализацию проектов, которые поддерживаются ЗКФ. Отдельные организации должны получить аккредитацию Совета ЗКФ, подтвердив, что они имеют возможности и опыт для выполнения следующих функций:

- идентификация, подготовка и оценка проектов
- контроль и надзор за выполнением утвержденного проекта или деятельности, включая мониторинг эффективности и достижения целей проекта, оценку расходов относительно бюджета проекта, отчетность о ходе выполнения проекта
- мониторинг и оценка выполнения финансируемых мероприятий
- управление рисками.

Национальные и региональные аккредитованные организации: организации, обращающиеся в ЗКФ за прямым доступом к финансированию. Фонд поощряет режим прямого доступа стран к финансовым ресурсам ЗКФ для управления проектами. Национальная или региональная аккредитованная организация номинируется ННО страны и аккредитуется Советом ЗКФ.

Международные аккредитованные организации: страны могут обращаться к ресурсам ЗКФ и через международные аккредитованные организации, такие как агентства ООН, многосторонние банки развития и международные финансовые институты. Международные аккредитованные организации также должны быть аккредитованы Советом ЗКФ, но им не нужна номинация ННО.

Вставка 3.1. **Ключевые организации и их функции в отношении доступа к ресурсам Зеленого климатического фонда** *(продолжение)*

На июнь 2016 г. Советом ЗКФ были аккредитованы 33 организации: 19 международных (58%), 5 региональных (15%) и 9 национальных (27%) (GCF, 2016a). Условием аккредитации является наличие у организаций опыта реализации программ/проектов со следующими параметрами:

- Функции: управление проектами, выделение грантов, последующее кредитование (*on-lending*) и/или организация смешанного финансирования
- Размеры проектов: микро (менее 10 млн долл. США), малые (10-50 млн), средние (50-250 млн) и крупные (более 250 млн долларов)
- Категории рисков: низкие, средние и высокие риски (по классификации МФК).

Все аккредитованные организации – международные, региональные и национальные – должны удовлетворять базовым фидуциарным стандартам (см. ниже), а организации, планирующие управлять проектами определенного типа, еще и дополнительным специальным требованиям. Кроме этого, аккредитованные организации должны обеспечивать экологические и социальные охранные меры и иметь опыт работы в области гендерной и климатической проблематики. Соответствующие критерии обобщаются ниже; дальнейшая информация о требованиях, стандартах, охранных мерах, опыте работы – на сайте ЗКФ (GCF n.d.).

- четко определенный управленческий и административный потенциал организации
- надежная система финансового менеджмента и финансового учета, наличие финансовой отчетности за достаточно длительный период
- наличие процедур, относящихся к внутреннему и внешнему аудиту
- наличие механизмов внутреннего финансового контроля, обеспечивающих надлежащее управление финансовыми рисками
- наличие формальных стандартов, процедур и систем в сфере закупок.

Источник: GCF (2016a, 2015).

Основные аспекты «готовности» стран к климатическому финансированию

Программы «готовности» и подходы, примеры которых приведены выше, зачастую разделяют готовность страны на несколько этапов. На Рисунке 3.1 возможные этапы и элементы оценки готовности сгруппированы следующим образом: *(a)* плановые цели, стратегии, меры политики; *(б)* укрепление институционального потенциала; *(в)* разработка программ и проектов, и *(г)* выполнение, мониторинг, оценка, осмысление полученного опыта и обучение.

Многие из этих подходов (GIZ, ЮНЕП/ПРООН/Институт мировых ресурсов, ОЭСР) рассматривают «планирование» как первый этап процесса. Планирование включает разработку климатической политики и стратегий и их интеграцию в более широкую систему национальной политики развития. Для привлечения финансирования не только из международных государственных источников, но и из внутренних источников, для мобилизации частных инвестиций необходимо гармонизировать политику в сфере инвестиций, финансов и конкуренции с национальными целями в области климата и развития. Процесс планирования включает приоритизацию необходимых «климатических» усилий с учетом специфики страны и мнения различных заинтересованных групп.

Рисунок 3.1. **Оценка готовности стран к климатическому финансированию**

Источники: GEF (n.d.); GCF (2016b, 2015); GIZ (2013a); OECD (2015a); UNEP, UNDP and WRI (2015).

Важнейший аспект «программ готовности» – создание или укрепление ответственных организаций и ведомств. В большинстве стран ВЕКЦА есть ННО (или координационные центры) для взаимодействия с ЗКФ и координационные центры для взаимодействия с ГЭФ – как правило, это природоохранные ведомства (министерства или государственные агентства). С партнерами, предоставляющими климатическое финансирование в целях развития, работают и другие министерства стран ВЕКЦА (например, министерства финансов), государственные и частные организации.

Потенциальные программы и проекты могут определяться и разрабатываться параллельно с укреплением потенциала соответствующих ведомств. Заявки на финансирование должны четко разъяснять, как проект или программа соотносится с потребностями, приоритетами и стратегиями страны в области климата и развития (OECD, 2014). Организации и группы, причастные к планированию, разработке, оценке проектов и программ, могут быть разными – в зависимости от того, по каким каналам страна получает климатическое финансирование. Эти могут быть национальные и региональные государственные организации, организации частного сектора, двусторонние и многосторонние партнеры. Как показывает опыт, предварительный анализ осуществимости и технико-экономическое обоснование проектов зачастую требуют серьезных расходов, особенно в странах, где отсутствуют некоторые исторические данные, необходимые для оценки климатических рисков, и нет полной информации по предыдущим проектам (TWN, 2016).

Определив национальные приоритеты, имея продуманную политику, стратегии, надежную институциональную систему, портфель запланированных проектов, страна может обращаться за климатическим финансированием для реализации программ и проектов, отвечающих ее потребностям и приоритетам. Климатическое финансирование может быть предоставлено двусторонними источниками или многосторонними агентствами. К средствам некоторых многосторонних фондов, таких как ЗКФ и Фонд адаптации, страны могут обращаться напрямую через национальные или региональные организации-исполнители, аккредитованные советом того или иного фонда. Предполагается, что такие организации смогут обеспечивать фидуциарные, экологические и социальные стандарты в стране, в зависимости от размера проектов. ГЭФ в ряде случаев оказывает поддержку в укреплении потенциала национальных и региональных аккредитованных организаций.

Страны также могут обращаться за климатическим финансированием в многосторонние структуры – МБР, МФИ, агентства ООН. Это более распространенный вариант для многих развивающихся стран, включая ВЕКЦА: странам с ограниченными ресурсами зачастую трудно обеспечить надлежащий уровень национальной организации, которая могла бы получить прямой доступ к финансированию. Обратившись за финансированием и получив его, международная, региональная или национальная организация-исполнитель должна выполнить в стране проект или программу надлежащим образом – эффективно, результативно, на основе принципов ответственности и подотчетности.

Следующий этап – мониторинг и оценка выполнения/эффективности проекта или программы. Осмысление полученных результатов поможет в планировании дальнейших мероприятий, в увеличении и диверсификации финансовых потоков в будущем. Информация, полученная в ходе мониторинга и оценки, понадобится и для отчетности, которая обычно запрашивается финансирующими партнерами. Общественность в странах-донорах все строже требует подтверждения эффективности финансируемых мероприятий, и способность стран, обращающихся за финансированием (в лице соответствующих организаций), отчитываться в расходовании средств надлежащим образом служит укреплению доверия между сторонами и расширению для стран-бенефициаров возможностей доступа к климатическому финансированию (OECD DAC, 2014).

Примеры «программ готовности»: Таджикистан и Грузия

Программа *CF Ready* финансируется Федеральным министерством экономического сотрудничества и развития Германии и выполняется GIZ и KfW. Деятельность GIZ софинансируется Агентством международного развития США и Министерством окружающей среды Чешской Республики. Программа *CF Ready* помогает ряду стран в получении доступа к ресурсам ЗКФ и других климатических фондов, в эффективном использовании полученного финансирования (GIZ, 2013a).

Программа готовности ЗКФ финансируется Федеральным министерством окружающей среды, охраны природы, строительства и безопасности ядерных реакторов Германии и выполняется ЮНЕП, ПРООН и Институтом мировых ресурсов. Программа помогает странам в том, что касается эффективного планирования и осуществления доступа к климатическому финансированию, управления финансовыми потоками, освоения финансирования и мониторинга (в том числе, в отношении финансирования, полученного через ЗКФ) (UNEP, 2014).

Конкретное содержание работы зависит от специфики, приоритетов и потребностей стран. Программа помогает странам в выборе или создании ННО для взаимодействия с Фондом и в укреплении такой организации. ННО – главный полномочный орган, имеющий право подписи и представляющий страну в делах, связанных с Фондом. Среди основных целей программы – создание в ННО функциональных рабочих групп и укрепление их потенциала. В частности, сотрудники ННО должны быть достаточно компетентными для того, чтобы разработать и внедрить процедуру согласования, обеспечивающую соответствие заявок на финансирование национальным планам и стратегиям. ННО должна координировать организации внутри страны и контролировать распределение потоков климатического финансирования. Далее, программа помогает странам в выборе или создании национальных организаций для аккредитации Фондом с целью получения доступа к ресурсам ЗКФ. Такая помощь призвана укрепить эти организации, чтобы они могли поддерживать и выполнять эффективные климатические программы, отвечающие национальным целям развития. Ниже представлены примеры такой работы в Таджикистане и Грузии в рамках «программ готовности», осуществляемых международными организациями.

Таджикистан

Начатая в 2014 г., программа GIZ/KfW в Таджикистане уже приносит ощутимые результаты. Цели программы *CF Ready* в Таджикистане включают (GIZ, 2015a):

1. Помощь в создании эффективной ННО: с помощью GIZ группа ННО была создана в Комитете по охране окружающей среды. Выполняя функции ННО, Комитет опирается на опыт и структуры, полученный и сформированные благодаря Пилотной программе по адаптации к изменению климата под эгидой Климатических инвестиционных фондов (подробнее – в страновом отчете по Таджикистану). Программа GIZ в Таджикистане призвана укрепить потенциал ННО в следующих отношениях (GIZ, 2015a):

   - надлежащая информированность и понимание климатических приоритетов страны, стратегий и планов
   - участие в разработке национальных стратегий и планов развития, способность активно содействовать их выполнению
   - владение соответствующей информацией и понимание потребностей и приоритетных действий страны в области смягчения последствий и адаптации
   - понимание институциональных аспектов климатической политики, включая различные организации и заинтересованные группы: многосторонние и двусторонние институты; организации гражданского общества; субнациональные, национальные или региональные организации
   - способность содействовать развитию механизмов координации (см. пункт 3 ниже), сотрудничеству заинтересованных групп и консультациям между ними
   - способность осуществлять мониторинг и оценку финансируемой деятельности в соответствии с правилами Фонда.

2. Создание институциональной процедуры согласования: Комитет по охране окружающей среды и GIZ вместе разрабатывают процедуру для «писем об отсутствии возражений», которые надлежит направлять в Секретарит ЗКФ в связи с каждой заявкой на финансирование, направляемой в Фонд. Эта процедура должна обеспечивать, что предлагаемый проект соответствует

национальным стратегиям, не вступает в конфликт с лучшими программами или проектами, не повлечет ненужного ущерба или издержек для местного населения или окружающей среды.

3. Создание механизма координации: Комитет и GIZ также внедряют механизм координации министерств, государственных организаций и заинтересованных групп, причастных к конкретным инициативам, которые предполагается финансировать из средств ЗКФ. Координация необходима для того, чтобы учитывать мнение и интересы всех сторон в процессе согласования проектов.
4. Информирование заинтересованных групп в Таджикистане о процедурах и возможностях Зеленого климатического фонда: в рамках «программы готовности» GIZ проводит обучение сотрудников Комитета и представителей других заинтересованных сторон в Таджикистане по вопросам климатического финансирования, включая функции ННО.
5. Помощь в формировании портфеля проектов: банк развития KfW также помогает Таджикистану в рамках программы *CF Ready*, особенно в отношении планирования и разработки проектов. В частности, помощь KfW связана с предварительным анализом осуществимости и технико-экономическим обоснованием проектов в области смягчения последствий и адаптации, за финансированием которых планируется обращаться в ЗКФ.

Грузия

Грузия также получает помощь GIZ в повышении уровня готовности к климатическому финансированию, особенно к финансированию из ЗКФ. ПОНУВ Грузии в значительной степени увязывает обязательства Грузии с международной поддержкой, и повышение «готовности» (в первую очередь, в отношении финансирования из ЗКФ) является для Грузии важным приоритетом на этапе имплементации ПОНУВ. GIZ помогало Грузии в подготовке ПОНУВ и сейчас использует опыт этой работы в разработке страновой программы ЗКФ для Грузии.

Грузии помогают в отношении того, как приоритеты и проектные предложения, подходящие для ЗКФ, могут быть увязаны с целями и планами, определенными в программных документах (существующих или разрабатываемых), таких как ПОНУВ, стратегия развития при низком уровне выбросов, различные национальные планы приемлемых действий в области смягчения последствий, Третье национальное сообщение для РКИК ООН. При разработке проектных предложений также полезно учитывать опыт инициативы «Соглашение мэров городов». Далее, разрабатываемые проектные предложения должны быть разнообразными, охватывающими смягчение последствий, адаптацию и межотраслевую, «сквозную» деятельность (Kindermann, 2015).

Понимание «готовности»: основные вопросы

Этот раздел посвящен основным вопросам, отвечая на которые страны ВЕКЦА смогут оценить свою готовность к увеличению климатического финансирования и определить направления, на которых требуются улучшения. Вопросы сформулированы на основе подходов и программ «готовности», о которых говорится в предыдущем разделе, и составлены следующим образом: *(а)* планирование; *(б)* укрепление потенциала; *(в)* разработка проектов и *(г)* выполнение, мониторинг и оценка прогресса. Некоторые вопросы в группе (в) имеют значение только в том случае, если страна рассматривает возможность прямого доступа к климатическому финансированию.

Перечень вопросов – не исчерпывающий; вопросы призваны не проиллюстрировать условия доступа к конкрстным источникам климатического фипапсирования, а помочь странам ВЕКЦА и их международным партнерам в понимании уровня готовности отдельных стран. Вопросы соответствующей группы подробно рассматриваются в подразделах ниже.

а. Плановые цели, стратегии, меры политики

Основные вопросы к правительствам стран ВЕКЦА

- Были ли потребности и приоритеты страны в отношении конкретных усилий в области смягчения последствий и адаптации определены и задокументированы в процессе широкого взаимодействия с заинтересованными сторонами (министерствами и ведомствами, органами управления субнационального уровня, частным сектором, населением соответствующих территорий, организациями гражданского общества)?
- Разработаны, определены и внедрены ли национальные «климатические» цели, стратегии и меры политики, направленные на низкогулеродное развитие, устойчивое к изменению климата?
- Спланированы и выполняются ли конкретные меры по реализации этой политики и стратегий?
- Задействованы ли «неклиматические» рамочные системы (относящиеся к государственному управлению, стимулирующие инвестиции и конкуренцию, фискальная) в поддержку климатических усилий страны?
- Существуют ли национальные или секторальные планы финансирования приоритетных климатических мероприятий?
- Располагают ли ведомства и другие заинтересованные стороны достаточной информацией об источниках климатического финансирования и режимах доступа к нему, понимают ли они эту информацию надлежащим образом? Это важно для реализации планов финансирования.
- Определены ли дальнейшие потребности в отношении информации, потенциала и/или технологий, необходимых для выполнения приоритетных мероприятий? Начата ли уже работа (одним или несколькими ведомствами) по удовлетворению этих потребностей?
- Существуют ли в стране предсказуемые и эффективные механизмы, обеспечивающие благоприятные условия для привлечения частных инвестиций: инструменты политики (регуляторные, экономические и информационные инструментые, устраняющие препятствия в инвестиционной сфере)? Задействованы ли инструменты экономической оценки и анализа «затраты-выгоды»? Есть ли у участников процесса (папример, местпых бапков) потепциал для стимулирования инвестиций?

Понимание собственных потребностей, условий и обстоятельств в своих странах – первый шаг в подготовке к доступу и к распределению климатического финансирования исходя из насущных «климатических» приоритетов страны. Целесообразно проанализировать текущие цели климатической политики в сфере смягчения последствий и адаптации, существующие правовые и регуляторные системы, программы и проекты и, если возможно, «инвентаризировать» и осмыслить опыт и выводы, отраженные в соответствующих отчетах.

Все страны ВЕКЦА, кроме Узбекистана, в преддверии 21-й сессии Конференции сторон РКИК ООН 2015 года своевременно представили ПОНУВ со своими международными обязательствами по сокращению выбросов ПГ (см. Главу 1). Цели в области адаптации определены в ПОНУВ восьми стран, хотя содержание этого раздела существенно различается между странами. ПОНУВ Азербайджана, Армении, Кыргызстана, Таджикистана и Туркменистана прямо определяют приоритетные меры климатической политики стран, в то время как Беларусь, Грузия и Казахстан ссылаются на другие национальные программные документы или свои Национальные сообщения, в которых изложены приоритеты стран.

Неясно, в какой мере ПОНУВ стран ВЕКЦА могут быть надежной основной для деятельности в поддержку заявленных целей в области смягчения последствий и/или адаптации к изменению климата. Необходимо осмысливать и уточнять «траекторию» дальнейших усилий в программных документах стран – в ОНУВ, национальных планах приемлемых действий в области смягчения последствий изменения климата, планах в области адаптации, стратегиях развития с низким уровнем выбросов, климатических стратегиях стран.

Помимо ПОНУВ, большинством стран ВЕКЦА (хотя и в разной степени) разработаны и внедряются различные механизмы и инструменты климатической политики (см. Таблицу 3.2). Девятью странами определены количественные цели в области возобновляемой энергетики и/или энергосбережения (UNECE and REN21, 2015). Впрочем, несмотря на определенные успехи в последнее десятилетие, в регионе сохраняются общие для стран ВЕКЦА препятствия к эффективной реализации климатической политики: в частности, это отсутствие адекватной системы формирования тарифов и надлежащей нормативной базы, на которую могли бы опираться правовые, регуляторные и финансовые механизмы, и отсутствие четких, выполнимых и контролируемых технических правил энергетической интеграции (UNDP, 2014a; IEA, 2015).

Таблица 3.3 представляет, в качестве примеров, ряд инструментов в странах ВЕКЦА, содействующих мобилизации климатического финансирования. К приоритетным направлениям, получающим во многих странах региона значительное финансирование из международных и внутренних источников, относится повышение эффективности в сфере производства, передачи и потребления энергии.

Восемь стран ВЕКЦА определили национальные цели в области возобновляемой энергетики или разработали схемы/механизмы экономического поощрения (например, систему закупочных тарифов для «зеленой» энергии) для развития возобновляемой энергетики, что само по себе является важным итогом последних десяти лет. Впрочем, во многих странах за этими важными решениями не последовали серьезные усилия в намеченном направлении. В ряде случаев страны, определившие национальные цели в области возобновляемой энергетики, пока еще не разработали законы и подзаконные акты, проясняющие (для потенциальных инвесторов и кредиторов) правовые, регуляторные и финансовые механизмы, стимулирующие разработку проектов (UNDP, 2014a; IEA, 2015). Тарифы на закупку «чистой» энергии зачастую не могут стимулировать потенциальных инвесторов. Относительно успешным примером поддержки возобновляемой энергетики может

Таблица 3.2. **Инструменты национальной политики стран ВЕКЦА в области смягчения последствий и адаптации к изменению климата**

	АЗР	АРМ	БЕЛ	ГР	КЗХ	КРГ	МЛД	ТДЖ	ТКМ	УЗБ	УКР
Регуляторная политика в сфере возобновляемой энергетики											
Плановые цели в сфере возобновляемой энергетики	X	X	X		X	X	X	X			X
Обязательства/мандат – биотопливо			X								X
Квоты, обязательства энергетических компаний/Стандарт портфеля возобновляемых источников энергии (RPS)			X								
Закупочные тарифы на «чистую» энергию/премиальные выплаты	X	X	X	X	X	X					X
Обязательства/мандат – тепловая энергия											
Учёт производимой электроэнергии из возобновляемых источников (net metering)		X	X								X
Публичные торги для закупок возобновляемой энергии											
Обращаемые сертификаты для энергии из возобновляемых источников			X		X			X			
Фискальные стимулы в сфере возобновляемой энергетики и государственное финансирование											
Капитальные субсидии/вычеты					X						
Оплата энергии из возобновляемых источников	X	X	X		X	X		X			X
Налоговые кредиты для инвестиций и производства					X	X		X		X	X
Государственные инвестиции, кредиты или гранты	X	X	X	X	X	X	X	X		X	
Снижение налога на продажи, на потребление энергии и на CO_2, НДС или других налогов		X	X		X	X	X				X
Меры политики в сфере энергоэффективности											
Плановые цели в сфере энергоэффективности			X		X		X	X		X	X
Повышение уровня осведомленности, национальные информационно–просветительские кампании по вопросам энергоэффективности	X		X	X	X	X	X	X		X	
Национальная система регулирования, нормативы и законодательство в сфере энергоэффективности	X		X		X		X	X		X	X
Государственная организация (организации), разрабатывающая и осуществляющая стратегии и меры политики в сфере энергоэффективности	X		X	X	X		X	X		X	X
Требования по маркировке энергоэффективности			X				X			X	X
Адаптация к изменению климата											
Всесторонний программный документ национального уровня в поддержку целей климатической политики в области адаптации						X	X				

Источники: UNFCC (n.d.); REN21 and UNECE (2015).

считаться Беларусь, имеющая самый высокий процент – 5.3% – возобновляемой энергии (биотопливо, отходы) в суммарном производстве первичной энергии. Этому способствовали адекватные стимулы, а именно схема, устанавливающая относительно высокие закупочные тарифы.

Многие страны ВЕКЦА достигли значительного прогресса в снижении энергоемкости (см. Рисунок 3.2), хотя сравнение их со странами-членами ОЭСР свидетельствует о необходимости значительных улучшений в этой области и наращивания инвестиций.

Таблица 3.3. **Примеры инструментов, содействующих мобилизации климатического финансирования**

Меры	Страна	Примеры
Финансирование капиталовложений из государственных бюджетов	Беларусь	Государственное финансирование (из национального и местных бюджетов) мер по повышению энергоэффективности в объеме 1.9 миллиарда долл. США в 2011–2015 гг., что составляет 22% суммарных ориентировочных затрат (8.66 миллиарда долл.).
	Узбекистан	Софинансирование государством – в том числе, программы по повышению энергоэффективности и проектированию «низкоуглеродного» жилья в сельской местности, выполняемой при поддержке ГЭФ (общая стоимость программы – 114 млн долл. США; около 17 млн долл. выделено из государственного бюджета).
	Туркменистан	Средства государственного бюджета в основном направляются Министерству охраны природы и Комитету рыбного хозяйства.
Прямое субсидировние мер по повышению энергоэффективности	Казахстан	50–процентные субсидии для проведения энергетического аудита и внедрения систем энергоменеджмента в рамках программы «Энергосбережение – 2020» (наряду с поддержкой иного рода).
Налоговые/ фискальные стимулы	Украина	Уменьшение налогов/освобождение от налогов в сфере возобновляемой энергетики, например: освобождение от ввозного НДС и таможенных пошлин при импорте оборудования; 75– процентное снижение земельного налога в отношении земли, занимаемой мощностями по производству возобновляемой энергии; освобождение предприятий от налога на прибыль, полученную за счет продажи возобновляемой энергии.
	Кыргызстан	Льготы, установленные Законом Кыргызской Республики о возобновляемых источниках энергии (принят в 2009 г.) в отношении оборудования, импортируемого для нужд возобновляемой энергетики, – снижение налогов, освобождение от таможенных пошлин, платежей.
	Таджикистан	Освобождение от таможенных пошлин и НДС в отношении импортируемого оборудования и материалов для гидроэнергетики, а также льготы по налогу на водопользование, налогу на прибыль, земельному налогу, налогу на объекты капитального строительства и социальному налогу (персонал) в период строительства.
Закупочный тариф	Украина	«Зеленый тариф» – тарифная схема для закупки электроэнергии из возобновляемых источников; действует до 1 января 2030 г. (начата в 2009 г., корректировалась в 2012 г. и 2015 г.).
	Беларусь	Система закупочных тарифов для солнечной энергии (310 евро/МВт–ч), энергии из биомассы и биогаза, геотермальной и ветряной (150 евро/МВт–ч) и гидроэнергии (130 евро/МВт–ч).
	Азербайджан	Система закупочных тарифов действует в отношении ветряной энергетики (45 евро/МВт–ч) и малых гидроэлектростанций (25 евро/МВт–ч).
	Армения	Тарифы для малых электростанций: гидро–, ветряных и использующих биомассу.
Обязательства по закупке энергии	Грузия	Гидроэлектростанциям мощностью до 100 МВт предлагается заключить долгосрочное соглашение о покупке энергии коммерческим оператором электроэнергетической системы Грузии в рамках государственной программы развития возобновляемой энергетики.
Экологически значимая информация	Молдова	Система маркировки устройств и оборудования в отношении их энергоэффективности.

Источники: OECD (forthcoming); Liu, H., D. Masera and L. Esser (2013); UNDP (2014a); UNECE and REN21 (2015); IEA and IRENA (2016).

Рисунок 3.2. **Суммарная первичная энергия на единицу ВВП (тонна нефтяного эквивалента на тысячу долларов США 2005 года)**

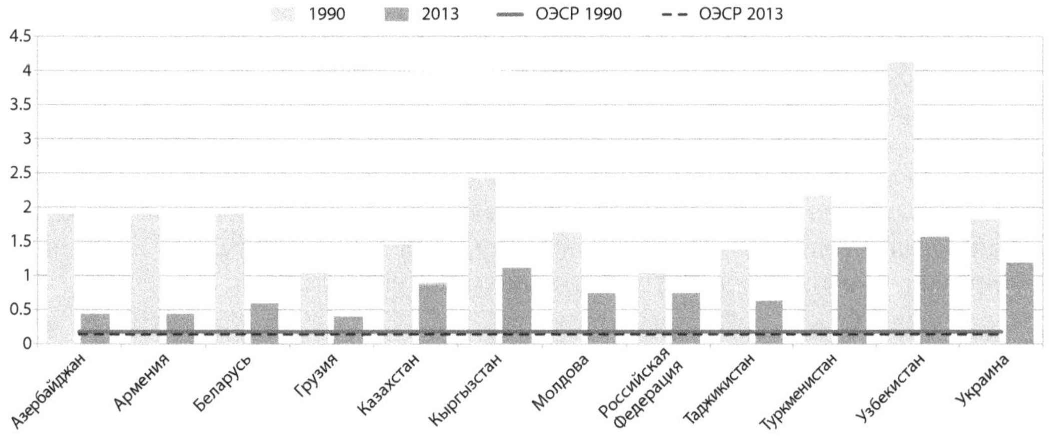

Источник: IEA (2016).

В большинстве стран ВЕКЦА политика в области адаптации разработана меньше, чем в области смягчения последствий, и, вероятно, доступ к климатическому финансированию на цели адаптации для них будет сложнее. Цели политики в области адаптации (в отношении сельского, лесного и/или водного хозяйства) заявлены всеми странами ВЕКЦА, но соответствующие национальные рамочные системы к настоящему времени созданы только Кыргызстаном и Молдовой. Так, в Молдове Национальная стратегия по адаптации к изменению климата призвана обеспечить благоприятные условия для усилий в области адаптации и четко определить направление процесса – согласованного, эффективного и охватывающего все значимые секторы. Стратегия определяет и ориентировочные затраты по каждому мероприятию в рамках планируемой деятельности. К разработке национальных планов или стратегий в области адаптации приступили и другие страны – например, Армения, Беларусь, Грузия, Таджикистан и Туркменистан. Хорошим примером является «экосистемный подход», разрабатываемый Арменией: определяя меры по адаптации к меняющемуся климату, он также пытается максимально использовать возможности синергии между усилиями в области смягчения последствий и в области адаптации. Ряд международных инициатив помогает развивающимся странам в разработке и выполнении национальных планов адаптации – в частности, это Глобальная сеть «Национальные планы по адаптации» (NAP) и «окно поддержки NAP» под эгидой ЗКФ. Странам ВЕКЦА следует подумать о том, чтобы воспользоваться помощью такого рода.

В дополнение к тематическим или секторальным разделам политики странам нужно гармонизировать различные системы (существующие или планируемые) с долгосрочными «климатическими» целями, устраняя лишние административные издержки и минимизируя негативные побочные последствия той или иной политики (например, реформирование энергетического рынка может повлечь за собой более активное использование станций, работающих на ископаемом топливе). Так, для переориентации инвестиционных потоков с технологий, использующих ископаемое топливо, на технологии возобновляемой энергетики требуется система согласующихся мер политики, включающая четко определенные выплаты за выбросы углерода (углеродные налоги, торговля квотами); целевые экономические стимулы (закупочные тарифы на «чистую энергию», открытые тендеры); реформирование контрпродуктивных субсидий в отношении использования ископаемого топлива; целевую, адресную поддержку инноваций – в том числе, за счет государственного финансирования НИОКР (OECD, 2015c, 2016a).

Некоторыми странами ВЕКЦА разработаны комплексные, всесторонние рамочные системы (примеры приводятся ниже); впрочем, для оценки эффективности различных инструментов политики и их согласованности требуется дальнейший анализ. Результаты такой работы способствовали бы расширению доступа стран ВЕКЦА к источникам климатического финансирования в целях развития и/или стимулировали бы инвестиции в низкоуглеродные технологии, в более широком смысле служили бы улучшению инвестиционного и бизнес-климата в странах ВЕКЦА.

Примеры комплексных рамочных систем в странах ВЕКЦА

- Стратегическая программа долгосрочного развития Республики Армения на 2012-2025 годы: утвержденная в 2014 г., программа определяет консолидированные цели и приоритеты социально-экономического развития Армении, наряду с основными барьерами и ограничениями, сдерживающими развитие, указывает ключевые реформы и инструменты политики, необходимые для достижения целей развития, увязывает процесс развития с решением насущных проблем экологии и с устойчивым управлением природными ресурсами.
- «Азербайджан – 2020: взгляд в будущее»: концепция развития, утвержденная в 2012 г., определяет стратегические перспективы и цели Азербайджана, меры по решению приоритетных задач. Среди прочего, этот программный документ обращается к возможным последствиям климатических изменений для социально-экономического развития страны, подчеркивает необходимость подготовки к таким изменениям, предписывает разработку надлежащих инструментов политики.
- Концепция по переходу Республики Казахстан к «зеленой экономике»: принята в 2013 г., определяет основные усилия и приоритетные регуляторные меры, призванные стимулировать зеленый рост; содержит ряд рекомендаций – среди прочего, по совершенствованию существующего законодательства и нормативной базы в контексте перехода к зеленой экономике, включая содействие инвестициям в чистую энергетику.
- Национальная стратегия устойчивого развития Кыргызской Республики на период 2013-2017 гг. – всесторонняя стратегия, охватывающая следующие цели:
    - совершенствование системы регулирования для стимулирования энергосбережения
    - усиление роли органов государственной и местной власти, общественных организаций в вопросах энергосбережения и энергоэффективности зданий
    - создание условий для применения энергоэффективных технологий для зданий и сооружений.

В некоторых странах ВЕКЦА климатическая политика опирается на довольно сложные структуры в системе государственного управления. Так, в случае нескольких проектов в энергетическом секторе, получающих международное финансирование (из числа проанализированных нами), первичными заемщиками являются министерства финансов, а исполнителями могут быть разные организации: министерство окружающей среды, энергетики или развития, акционерная компания или национальный фонд/финансирующая организация. Некоторым странам ВЕКЦА следует изучить возможности эффективной координации различных организаций и проектов на национальном уровне исходя из долгосрочных «климатических» задач и широких целей политики развития для того, чтобы с максимальной пользой задействовать имеющееся климатическое финансирование. Например, обеспечивать включение энергоэффективности в число стратегических приоритетов и содействовать координации организаций и ведомств на этом направлении мог бы специальный орган правительства, отвечающий за разработку и реализацию политики энергоэффективности (IEA, 2015).

Семь стран ВЕКЦА в текущих ПОНУВ увязывают свои «климатические» цели с международной поддержкой, при этом некоторые из них не разъясняют характер и размер финансовой помощи, в которой они нуждаются. ПОНУВ Кыргызстана и Молдовы прямо говорят о потребностях в финансировании; Беларусь оценивает стоимость мероприятий по повышению энергоэффективности в своих программных документах; Грузия оценила свои долгосрочные затраты в сфере адаптации и указала их в ПОНУВ. В дополнение к ПОНУВ Азербайджан, Грузия, Казахстан и Молдова (этап I) и Армения, Туркменистан и Узбекистан (этап II) в рамках РКИК ООН провели оценку технологических потребностей (ОТП), позволяющую определить и соответствующие затраты стран, однако конкретные инвестиционные планы на основе результатов ОТП этими странами пока еще не подготовлены.

Необходимо, чтобы страны ВЕКЦА собирали, компилировали и понимали информацию, относящуюся к источникам международного финансирования, которые уже используются или могут стать доступными в будущем. Сфера климатического финансирования в контексте развития быстро эволюционирует, меняясь с каждым днем. Информированность, понимание различных источников и инструментов помогут странам в получении финансирования (OECD, 2015a). Примеры некоторых финансовых инструментов представлены в Таблице 3.4.

Опираясь на понимание потребностей и целей страны в сфере климатической политики и развития, анализ должен определить приоритетные секторы и географические территории для финансирования из наиболее подходящих для этого источников. Далее, странам ВЕКЦА следует сравнивать режимы доступа к источникам международного финансирования, сопоставлять их со своими национальными системами, учитывая размер и характер планируемых проектов и, среди прочего, имея в виду обеспечение фидуциарных, экологических и социальных стандартов. Такой подход поможет странам ВЕКЦА в выборе оптимальных источников для финансирования своей климатической политики.

Таблица 3.4. **Инструменты, которые могут использоваться для финансирования климатической политики**

Категория	Финансовые инструменты и механизмы	Примеры	Смягчение или адаптация	Уровень развития стран	Зрелость местного финансового рынка*	Замечания
Филантропия, государственная или частная	Гранты	• Гранты в покрытие начальных затрат • Техническая помощь	Оба направления, хотя гранты могут быть важнее в сфере адаптации	Ограниченный институцио-нальный потенциал или ресурсы	Ранний этап	• Повышение уровня готовности, "разблокирование" инвестиций • Особенно для проектов, предполагающих низкое или нерегулярное поступление доходов или отсутствие «ощутимых» выгод (льготные инструменты) • Покрытие/уменьшение начальных затрат, возможность инвестиций в странах со слишком высоким уровнем рисков • Трудно определить/ отследить участие частного сектора • Увеличению объемов климатического финансирования может препятствовать дефицит государственных ресурсов
	Кредитование из государственных средств	• Льготное • На обычных условиях • Зеленые кредитные линии	Оба направления, хотя льготные кредиты могут быть важнее в сфере адаптации			
	Помощь в снижении рисков	• Гарантии • Страхование политических/ ресурсных рисков	Оба направления			
Фиксированный доход (частный сектор)	Кредитование	• Зеленые кредитные линии • Прямые/со-инвестиции • Ссуды • Синдицированное кредитование проектов	Оба направления			• Особенно в случае проектов, требующих значительных инвестиций на начальном этапе • Многие долговые обязательства обещают фиксированный доход в течение определенного времени и этим привлекательны для институциональных инвесторов • Применимое к различным проектам во многих секторах, использование облигаций способствует увеличению финансирования (как и программный подход)
	Облигации	• Проектные облигации • Зеленые облигации • Субсуверенные обязательства				
Инструменты смешанного типа	Гибридные	• Субординированные кредиты/облигации • Мезонинное финансирование	Оба направления			
Частный и публичный акционерный капитал	Акции, обращающиеся на бирже	• Биржевые акции инфраструктурных компаний и компаний, предоставляющих коммунальные услуги	В основном, смягчение	Значительный институцио-нальный потенциал и ресурсы	Сформировав-шийся рынок	• Акционерное финансирование целесообразно в случае крупных проектов в области смягчения последствий, с высоким профилем «риск- доходность» • По сравнению с другими инструментами, риски для инвесторов выше • Возможно, труднее отслеживать

* Акционерное финансирование может также использоваться для поддержки новых технологий на ранних этапах их разработки – с участием венчурных фондов или других источников.

Источники: Kato, T., J. Ellis and C. Clapp (2014); OECD (2015b, 2014c).

б. Укрепление институционального потенциала

Основные вопросы к правительствам стран ВЕКЦА

- Четко ли определены и осмыслены институциональные основы климатической политики и климатического финансирования?
- Задействованы ли механизмы координации внутри страны (министерства, ведомства) и на международном уровне (партнеры в сфере сотрудничества в целях развития, субнациональные органы, организации гражданского общества, частный сектор)?
- Как осуществляется этот процесс? (оптимальный вариант: когда им управляет межведомственная группа под председательством старшего должностного лица или министра)
- Обладает ли национальный координационный орган (ННО или координационные центры, осуществляющие взаимодействие с ЗКФ, ГЭФ или Фондом адаптации) достаточными знаниями и информацией по следующим вопросам?
  - национальные приоритеты, стратегии и планы в области развития и климатической политики
  - заинтересованные стороны внутри страны (организации, взаимодействующие с многосторонними и двусторонними партнерами; организации гражданского общества; потенциальные кандидаты на роль организаций-исполнителей на субнациональном, национальном или региональном уровнях и т.д.)
  - международные (многосторонние и двусторонние) источники финансирования
  - различные типы финансовых инструментов
  - статус/ход выполнения и эффективность проектов и программ, получающих финансирование из международных источников.

[Для получения прямого или расширенного доступа к средствам ЗКФ или Фонда адаптации]

- Определены ли страной кандидаты на роль региональных, национальных или субнациональных организаций-исполнителей? Есть ли в стране функционирующая национальная финансирующая организация или национальный климатический фонд (особенно важно в отношении расширенного прямого доступа)?
- Обладает ли такая потенциальная организация-исполнитель достаточным потенциалом в следующих отношениях?
  - четко определенная правовая основа; функции управленческого, административного и направляющего характера
  - четко определенные функциональные обязанности технического персонала
  - системы финансового менеджмента и учета
  - процедуры внутреннего и внешнего аудита
  - механизмы внутреннего финансового контроля для управления финансовыми рисками
  - формальные стандарты, правила и процедуры закупок.

Основные вопросы к правительствам стран ВЕКЦА *(продолжение)*

- Сможет ли потенциальная организация-исполнитель обеспечить экологические и социальные охранные меры, требуемые отдельными климатическими фондами? (такие меры относятся к условиям труда, ресурсоэффективности и предотвращению загрязнения окружающей среды, здоровью и безопасности местного населения, землеотводу и/или переселению людей, биоразнообразию, условиям жизни коренных народов, гендерным вопросам, культурному наследию)
- Подтверждается ли документами наличие у организации возможностей, о которых говорится выше? (такие документы могут быть затребованы секретариатом фонда в процессе аккредитации)
- Есть ли у потенциальной организации-исполнителя задокументированный опыт выполнения проектов (размеры и характер проектов, риски)?

Очевидно, что для расширения доступа к международному климатическому финансированию и для эффективного его использования развивающимся странам, включая ВЕКЦА, необходимо наращивать свой институциональный потенциал, хотя конкретное содержание этих усилий может быть различным. Страны должны оценить свои возможности, выявить дефекты своей институциональной системы, определить национальные организации, укрепление которых требует приоритетной поддержки.

В настоящем отчете мы рассматриваем различные группы заинтересованных сторон и акторов, причастных в отдельных странах ВЕКЦА к выполнению проекторов и программ, которые получают климатическое финансирование в контексте развития. Это природоохранные министерства или агентства, министерства финансов (в качестве первичных заемщиков или получателей средств доноров), другие отраслевые министерства и ведомства, органы субнационального уровня, частные и государственные предприятия (подробнее – в страновых отчетах). В регионе ВЕКЦА координационными центрами для взаимодействия с органами РКИК ООН и ГЭФ обычно являются министерства окружающей среды. Они же выполняют функции ННО в отношении Зеленого климатического фонда. Следует отметить, что в других регионах функции ННО все чаще выполняются министерствами финансов или экономики (координацию с ГЭФ эта тенденция затрагивает в меньшей степени).

Приветствуя широкое участие заинтересованных сторон в процессах, связанных с климатическим финансированием, следует указать, что в каждом отдельном случае желательно дополнительно проанализировать результаты и эффективность используемых для этого механизмов. В ряде стран ВЕКЦА (в Армении, Грузии, Кыргызстане, Молдове, Таджикистане) «климатическая» деятельность внутри страны координируется одной организацией; впрочем, усилия по наращиванию потенциала и возможностей таких организаций в отношении доступа к климатическому финансированию пока еще находятся на начальном этапе. Так, ПОНУВ Армении говорит о необходимости повышения эффективности Межведомственного совета по климату, но конкретные потребности в документе не разъясняются (Правительство Армении, 2015). «Эффективным» может быть создание нового государственного органа или реструктуризация существующей институциональной системы, если эти меры позволят странам определить возможности финансирования из различных многосторонних и двусторонних источников и, если потребуется, приступить к процессу аккредитации климатическими фондами. Такой орган (или органы), с достаточно широкими полномочиями, может также содействовать повышению эффективности отдельных проектов в контексте всеобъемлющих целей развития и климатической политики (UNEP, UNDP and WRI, 2015).

Во многих странах меры по развитию институционального потенциала будут опираться на уже имеющиеся результаты. Например, Таджикистан участвует в Пилотной программе по адаптации к изменению климата с 2010 года. В стране действует межведомственный комитет под председательством заместителя Премьер-министра, объединяющий представителей государственных комитетов и отраслевых министерств. Комитет координирует организации, выполняющие подпроекты в рамках Пилотной программы, и активно участвует в подготовке проектных предложений для ЗКФ. В Узбекистане Министерство финансов, взаимодействуя с отраслевыми ведомствами (включая Государственный комитет по охране природы), собирает информацию о финансировании, предоставленном донорами и международными организациями.

Режимы прямого доступа все шире используются для получения климатического финансирования – это эффективный подход, повышающий (среди прочего) ответственность стран за результат. Хотя некоторые страны ВЕКЦА обращаются к относительно новым механизмам финансирования климатической политики (см. Таблицу 2.1 в Главе 2), пока ни одна из них не воспользовалась режимами прямого доступа к Фонду адаптации (в контексте Киотского протокола), Глобальному экологическому фонду (только для «Формирования национального портфеля», *National Portfolio Formulation Exercise,* и отчетов для Конвенции) или Зеленому климатическому фонду – см. Таблицу 3.5.

Таблица 3.5. **Используемые режимы доступа к средствам Фонда адаптации и ЗКФ**

		В мире	В ВЕКЦА
Фонд адаптации (2011-2015 гг.)	Через международные организации	30	3
	Прямой доступ	11	0
Зеленый климатический фонд (2015-2016 гг.)	Через международные организации	13	2
	Прямой доступ	3	0

Источник: AF (2015); GCF (2016a).

Климатическое финансирование через международные или многосторонние организации остается для стран ВЕКЦА главным каналом, хотя прямой доступ способствовал бы эффективному получению и освоению финансирования, повышал бы ответственность стран и их заинтересованность в результате. Организационная особенность многосторонних климатических фондов заключается в том, что это, в общем, трастовые фонды с ограниченным количеством персонала. Многие были созданы так, чтобы финансировать проекты через другие организации (например, МБР или агентства ООН), причастные к разработке проектов, содействию проектам и управлению проектами, которые получают международное климатическое финансирование из государственных источников. Зачастую это означает, что процесс доступа к финансированию состоит из нескольких этапов и занимает много времени, а заинтересованность и ответственность стран-получателей меньше, чем в ситуации прямого доступа. Считается, что режим прямого доступа способствует хотя бы частичному решению указанных проблем.

С другой стороны, для прямого доступа требуется наличие крепких национальных институтов, способных обеспечить строгие фидуциарные стандарты, экологические и социальные охранные меры (Kato, Ellis and Clapp, 2014), а процесс аккредитации национальной организации может оказаться длительным. В случае Фонда адаптации и ЗКФ аккредитация занимает от 5 месяцев (для Уругвая) до 30 месяцев (для Намибии и Кении) (Masullo et al., 2015).

Как и многие другие развивающиеся страны, страны ВЕКЦА не всегда могут четко проанализировать и оценить свои потребности и разнообразные факторы, связанные с укреплением их потенциала для обеспечения необходимых процедур, стандартов и охранных мер. Для получения прямого доступа к средствам ЗКФ национальная организация должна иметь четкие, понятные управленческие и административные функции и возможности, систему финансового менеджмента и учета, процедуры внутреннего и внешнего аудита, внутренние механизмы финансового контроля для управления финансовыми рисками, формальные процедуры, правила, и стандарты в сфере закупок (см. также Вставку 3.1).

У организации-исполнителя должен быть задокументированный опыт управления проектами, подготовки и экспертизы проектов, контроля и надзора за их выполнением, мониторинга, оценки и подготовки отчетности, управления рисками на уровне проектов (среди прочего). В случае ЗКФ аккредитация увязана с предыдущим опытом организации с учетом размера проектов, фидуциарных функций и уровня финансовых рисков: в частности, организация может получить прямое финансирование ЗКФ только для проектов или мероприятий, размер (бюджет) которых не больше размера проектов, до этого выполнявшихся организацией. Учитывая эти условия и отсутствие у стран ВЕКЦА опыта прямого доступа к климатическому финансированию, можно предположить, что сейчас организации из региона ВЕКЦА могут быть аккредитованы только для малых проектов с невысоким уровнем риска.

в. Разработка программ и проектов

Основные вопросы к правительствам стран ВЕКЦА

- Есть ли у страны начальный портфель проектов/программ, согласованных с национальными целями и приоритетами в области климата и развития, хорошо разработанных и приемлемых для финансирования из международных источников?
- Хорошо ли знают и понимают ведомства, причастные к климатической политике, круг потенциальных инициаторов проектных предложений (международные и местные финансовые институты, организации-исполнители, разработчики проектов в частном секторе, подрядчики, организации гражданского общества и т.д.)?
- Понимают ли потенциальные инициаторы проектов национальные потребности и приоритеты и, соответственно, смогут ли они обосновать целесообразность своих проектных предложений с точки зрения национальных потребностей и приоритетов, обращаясь за финансированием в специальные климатические фонды или к другим источникам?
- Владеют ли потенциальные инициаторы проектов достаточной информацией о требуемых технологиях, правилах и нормах, финансовых инструментах, ведомствах и организациях, от которых может зависеть разработка конкретного проекта или программы?

Основные вопросы к правительствам стран ВЕКЦА *(продолжение)*

- Достаточны ли возможности, компетенции и знания потенциальных инициаторов проектов для планирования и экспертизы проектных/программных предложений (анализ «затраты-выгоды», оценка рисков проекта, понимание плановых целей, относительно которых будут оцениваться результаты проекта, и т.д.)?
- Будут ли представлены, по требованию, документы, подтверждающие опыт выполнения аналогичных проектов или программ?
- Доступен ли инициаторам проектов «пакет снижения рисков» (гарантии и страховые инструменты, тарифная поддержка, благоприятные правила в отношении закупки энергии, государственные инвестиционные фонды, резервы под задолженность и – возможно – техническая и финансовая поддержка международных партнеров, действующих в сфере сотрудничества в целях развития)?
- Известно ли местным участникам (местные финансовые институты, предприятия разного размера, включая малые и средние, другие национальные разработчики проектов, подрядчики в области строительства и эксплуатации объектов) об экономических возможностях, связанных с различными инициативами в области низкоуглеродного развития и/или устойчивости к изменению климата и с доступными в этом контексте финансовыми ресурсами?

Только в 2013 и 2014 годах двусторонние и многосторонние партнеры поддержали более 660 проектов в странах ВЕКЦА; многие страны финансировали климатические проекты в регионе ВЕКЦА из своих государственных или муниципальных бюджетов (в частности, см. разделы о внутренних механизмах климатического финансирования в страновых отчетах по Азербайджану, Беларуси, Казахстану и Узбекистану). Странам региона еще многое предстоит сделать в сфере энергосбережения и развития возобновляемой энергетики (IEA, 2015). Следует также иметь в виду значительный дефицит финансирования климатической политики в области адаптации – при очевидной и высокой уязвимости перед климатическими изменениями таких стран как Кыргызстан, Молдова и Таджикистан.

Несмотря на значительный прогресс многих развивающихся стран в области климатической политики в последние годы, доступ к климатическому финансированию зачастую затрудняется нехваткой технического потенциала для планирования и разработки проектных и программных предложений. Как показывает опыт стран ВЕКЦА, разрабатывать приемлемые для финансирующих организаций проекты в сфере смягчения последствий или адаптации труднее всего малым и средним предприятиям (EBRD, 2014; OECD, 2016b). Зачастую разработчикам проектов сложно представить информацию о требуемых ресурсах, планируемых мерах, ожидаемых результатах, итогах и последствиях проекта/программы так, чтобы эта информация укладывалась в логику того или иного климатического фонда. Далее, местные коммерческие банки далеко не всегда обладают техническим потенциалом для оценки проектов и технологий, особенно новых для данной страны технологий (пример: крупные проекты в области возобновляемой энергетики) (CIF, 2014). В документах GIZ *(CF Climate Finance Reflection Tool)* также говорится о необходимых (на проектном/программном уровне) условиях привлечения государственных или частных инвестиций – это техническое «ноу-хау» для определения требуемых технологий, надлежащие возможности планирования и разработки проектов, финансовые компетенции для анализа затрат и планируемых результатов проекта и изменения их соотношения в лучшую сторону (GIZ, 2015).

Правительства стран ВЕКЦА могут содействовать дальнейшей разработке портфелей проектов разными способами. Один из них – наращивание массива знаний и информации о технологиях и финансовых инструментах, имеющих значение для разработчиков проектов. Далее, государство может помогать инициаторам проектов в защите от рисков (возможно, при поддержке международных партнеров); такая помощь будет способствовать формированию стабильного, благоприятного инвестиционного климата и, следовательно, успешной мобилизации климатического финансирования из государственных и частных источников в будущем. Подробнее эти вопросы рассматриваются ниже.

Инициаторам нужно анализировать приемлемость своих проектов для финансирующих организаций, и роль правительства в этом отношении может заключаться в совершенствовании работы с информацией, в разработке ключевых показателей и сборе исходных данных. С этой целью ведомства, государственные или частные организации могут собирать и сопоставлять значимую документацию по прошлым и текущим проектам и, возможно, размещать ее в открытом доступе для того, чтобы к ней можно было обращаться при планировании новых проектов/программ. Отсутствие опыта выполнения (пилотных) проектов и программ, задокументированного надлежащим образом, может воспрепятствовать подготовке портфеля перспективных проектов и наращиванию масштаба/бюджетов существующих (или пилотных) мероприятий.

Далее, в ряде стран правительствами или их партнерами в сфере развития инициированы диалоги для обмена опытом в отношении климатических проектов. Такая практика также может катализировать финансирование климатической политики на национальном, субнациональном и секторальном уровнях. Кроме того, обмен информацией служит определению подходов, содействующих привлечению климатического финансирования из различных источников; он способствует повышению уровня информированности местных финансовых институтов, предприятий разного размера, разработчиков проектов, подрядчиков об *(i)* экономических возможностях, связанных с деятельностью в сфере смягчения последствий и адаптации, и *(ii)* приоритетах национальной политики в области развития и климата. Последнее особенно важно, когда инициатор проекта, обращающийся за климатическим финансированием, должен обосновать целесообразность проекта в свете национальных потребностей и приоритетов. Разумеется, нельзя допускать, чтобы процесс, задуманный как полезный обмен информацией, трансформировался в разговоры на профессиональные темы, остающиеся без последствий (Naidoo, 2014).

Наличие инструментов управления финансовыми рисками в основном имеет значение для формирования портфелей, включающих крупные инвестиционные инфраструктурные проекты; такие инструменты способствуют повышению доходности инвестиций с учетом риска. Факторы и инструменты, снижающие риски и делающие возможными транзакции,[1] создают мощные стимулы для мобилизации инвестиций в сфере смягчения последствий и адаптации; они используются для уменьшения и перераспределения инвестиционных рисков и включают гарантии, страховые продукты, инструменты снижения кредитного риска. «Активаторы» транзакций, снижающие транзакционные издержки в инвестиционной сфере, включают такие инструменты как секьюритизация и со-инвестиционные механизмы/платформы.

Некоторые из этих финансовых инструментов уже используются в нескольких странах ВЕКЦА. Так, ЕБРР предоставил ряд кредитных линий местным банкам под суверенные гарантии ввиду того, что банки-участники не имели достаточного капитала и необходимого опыта и знаний в отношении новых технологий (см. Таблицу 2.1 в Главе 2 и OECD 2016b). ЕБРР также кредитовал под субсуверенные гарантии (гарантии муниципалитетов) городские инфраструктурные проекты в Украине и других странах. Еще один пример – проект в Казахстане при поддержке ГЭФ и ПРООН. Направленный на «разблокирование» частных инвестиций в возобновляемую энергетику, он имеет скорее широкий секторальный, нежели узкий проектный характер. Проект использует количественную и качественную оценку рисков с точки зрения частного сектора. Один из планируемых компонентов проекта – техническая поддержка и прямая финансовая помощь, которые станут возможными благодаря инструментам минимизации финансовых рисков и непосредственным финансовым стимулам (GEF and UNDP, 2015).

Далее, во всех странах ВЕКЦА действуют национальные финансирующие структуры, предоставляющие финансирование или со-финансирование (вместе с международными источниками) для проектов и программ в поддержку целей климатической политики (Вставка 3.2). Деятельность таких национальных структур способствует доступу к климатическому финансированию в контексте развития (из государственных и частных источников), организации смешанного финансирования из разных источников, координации финансовых потоков; эти структуры также готовят

Вставка 3.2. **Национальные финансирующие организации в странах ВЕКЦА**

Опыт многих развивающихся стран свидетельствует о значительных преимуществах, связанных с использованием внутренних национальных структур для управления деятельностью, которая получает международное и внутреннее климатическое финансирование. Среди этих преимуществ – минимизация дублирования и снижение транзакционных издержек; заинтересованность ведомств и организаций, их ответственность за результаты финансирования; гармонизация национальной климатической политики с более широкими процессами планирования и бюджетным процессом; повышение прозрачности и подотчетности в сфере климатического финансирования.

Организации, финансирующие климатические проекты и программы или софинансирующие их вместе с международными партнерами, есть во всех странах ВЕКЦА. В некоторых странах – например, в Молдове и Казахстане – таких организаций несколько, они управляются разными министерствами. В Таблице 3.6 представлен перечень (неисчерпывающий) национальных организаций в странах ВЕКЦА, финансовые ресурсы которых хотя бы частично используются/будут использоваться для финансирования деятельности в области смягчения последствий изменения климата и адаптации к нему.

Конкретные цели национальных организаций разнообразны и зависят от страны: это может быть удовлетворение потребности в капитальных инвестициях в контексте климатической политики и национальных планов развития; привлечение прямых иностранных инвестиций и мобилизация климатического финансирования со стороны национального частного сектора; софинансирование проектов, получающих климатическое финансирование из международных и внутренних источников. Эффективность и результаты финансовой и инвестиционной деятельности таких национальных организаций могут быть определены в ходе дальнейшего анализа.

отчетность для доноров и партнеров. Так, Грузинский фонд развития энергетики определяет новые проекты в сфере возобновляемой энергетики, которые будут представлены потенциальным инвесторам (для некоторых проектов Фонд предоставляет со-инвестиции, для некоторых – нет). Начиная с 2011 г. Фонд проинвестировал 10 проектов стоимостью более 20 миллионов долларов США (GEDF, n.d.).

В ряде случаев благодаря своему положению и потенциалу такие национальные организации могут сыграть важную роль в следующих отношениях: повышение заинтересованности, ответственности страны за результаты финансируемой деятельности; гармонизация и увеличение эффективности усилий, финансируемых из международных источников на разных направлениях. Например, армянский Фонд возобновляемой энергетики и энергосбережения (R2E2) предоставляет кредиты и гранты проектам в области возобновляемой энергетики и энергосбережения при финансовой поддержке Всемирного Банка и ГЭФ, руководствуясь стратегическими приоритетами, которые определены правительством Армении. Перед некоторыми национальными фондами поставлены более широкие задачи; например, Фонд реконструкции и развития Узбекистана финансирует проекты, выбранные правительством в качестве приоритетных. При надлежащей координации с заинтересованными сторонами фонды могут помочь своим странам в гармонизации усилий, в устранении противоречий и непоследовательности политики, в максимальном использовании потенциала климатических проектов и программ и в достижении более широких целей развития. GIZ помогает странам в создании национальных климатических фондов и в управлении ими, включая определение задач и стратегий, организационной структуры, разработку проектного цикла и процедур, мониторинг и оценку результатов.

Таблица 3.6. **Примеры национальных финансирующих организаций в странах ВЕКЦА**

Страна	Организация	Описание
Азербайджан	Государственный нефтяной фонд Азербайджанской Республики (SOFAZ)	Созданный 1999 г., Фонд призван трансформировать углеводородные запасы Азербайджана в финансовые активы, генерирующие значительные доходы. Фонд инвестирует в инфраструктуру энергетического сектора, в сектор водоснабжения и водоотведения, в системы орошения, транспортные системы и т.д. Фонд также софинансирует проекты, выполняемые при поддержке международных доноров.
Армения	Фонд возобновляемой энергетики и энергосбережения (R2E2)	Фонд предоставляет кредиты и гранты проектам в области возобновляемой энергетики и энергосбережения при финансовой поддержке Всемирного Банка и ГЭФ, руководствуясь стратегическими приоритетами, определенными правительством Армении. В ПОНУВ Армении также говорится о планах организации нового возобновляемого фонда для финансирования климатической политики.
Беларусь	Инновационный фонд Министерства энергетики	Фонд управляется Министерством энергетики и призван содействовать мерам в области энергосбережения. Инновационные фонды образованы и при других отраслевых министерствах Республики Беларусь (ECS, 2013).
Грузия	Грузинский фонд развития энергетики (GEDF)	GEDF – акционерная компания, созданная Правительством Грузии в 2010 г. для содействия инвестициям и развития возобновляемой энергетики в Грузии.
Казахстан	«Самрук–Казына»	Фонд национального благосостояния «Самрук–Казына» предоставляет финансирование для энергетического сектора – посредством прямых инвестиций в предприятия, производящие электроэнергию и осуществляющие энергоснабжение, или в качестве акционера национальных компаний и организаций, работающих в сфере развития.

Таблица 3.6. **Примеры национальных финансирующих организаций в странах ВЕКЦА** *(продолжение)*

Страна	Организация	Описание
Кыргызстан	Республиканский фонд охраны природы и развития лесной отрасли	Через Фонд осуществляется бюджетное финансирование для решения различных задач в сфере охраны окружающей среды и устойчивого лесопользования. Среди прочего, в 2015 г. Фонд выделил 17 млн сомов (около 0.224 млн долларов США) для проектов в области энергоэффективности.
Молдова	Фонд энергоэффективности	Фонд призван содействовать инвестициям в сфере энергосбережения и проектам в области возобновляемой энергетики. Фонд использует средства государственного бюджета и поддерживает различные проекты, финансируемые из внутренних и международных источников. В Молдове также работает несколько экологических фондов.
Таджикистан	Государственный фонд охраны окружающей среды	Фонд образован Правительством при Комитете по охране окружающей среды. У нас нет четкой информации о деятельности, финансируемой Фондом в последнее время.
Туркменистан	Лесной фонд	Действующий при Министерстве охраны природы, Фонд финансирует мероприятия в области устойчивого управления лесными и лугопастбищными угодьями.
Узбекистан	Фонд реконструкции и развития	Фонд создан в 2006 г. и за период 2006–2014 гг. аккумулировал активы в размере 15 миллиардов долл. США в проектах, предприятиях и организациях, связанных с деятельностью в целях развития.
Украина	Фонд энергоэффективности (планируется)	Предполагается, что Фонд будет финансировать меры по повышению энергоэффективности – в первую очередь, в жилищном хозяйстве и государственном секторе, но также на предприятиях, осуществляющих теплоснабжение.

Источники: GEDF (2014); Самрук-Казына; UNECE (2012); ECS (2013); R2E2 (2014); UNDP (2014b); Правительство Украины (2015); World Bank (2015); AKI Press (2016); OECD (2016c); SOFAZ (2016).

г. Имплементация, мониторинг, оценка, осмысление полученного опыта и обучение

Основные вопросы к правительствам стран ВЕКЦА

- Задействован и функционирует ли в стране надлежащим образом механизм, обеспечивающий мониторинг, ответственность и подотчетность в отношении использования выделяемого климатического финансирования?
- Разработаны ли ключевые целевые показатели для мониторинга и оценки эффективности климатического финансирования (фактический уровень сокращения выбросов ПГ; построенные мощности для производства чистой энергии; укрепление потенциала в сфере адаптации – например, развитие «климатически устойчивой» инфраструктуры, внедрение систем раннего оповещения, страхование урожая; предотвращенные экономические и неэкономические потери; создание рабочих мест и т.д.)?
- Задействованы ли механизмы, позволяющие интегрировать полученную информацию в управленческие процессы на уровне государственных ведомств?

Основные вопросы к правительствам стран ВЕКЦА *(продолжение)*

- Существует ли национальная открытая база данных для обмена значимой информацией о мерах в области смягчения последствий и адаптации и их результатах внутри страны? Обновляется ли она периодически?
- Организованы ли каналы, обеспечивающие регулярную коммуникацию с международными и национальными источниками климатического финансирования о «климатических» потребностях и приоритетах страны? Совершенствуются ли эти каналы с учетом накапливаемого опыта, относящегося к систематическому мониторингу и оценке?

Общественность в странах-донорах все строже требует подтверждения эффективности финансируемых мероприятий (OECD DAC, 2014) и прозрачности в использовании финансовых ресурсов. Способность стран, обращающихся за финансированием (в лице соответствующих организаций), осуществлять мониторинг и отчитываться в расходовании средств надлежащим образом послужит укреплению доверия между сторонами и расширению для стран-бенефициаров доступа к климатическому финансированию в будущем.

Эффективное расходование финансовых ресурсов предполагает наличие механизма «ответственности и подотчетности», контролирующего распределение и использование финансирования; систем управления, опирающихся на строгие профессиональные и этические стандарты; надлежащих правил закупок в контексте госфинансирования; экологических, финансовых и экономических критериев анализа проектов и оценки их выполнения. Требуется наличие данных для отчетности, предоставляемой внешним организациям (GIZ, 2013a). Так, в рамках Пилотной программы по адаптации к изменению климата в Таджикистане (этап I) был проведен анализ с целью «учета» пробелов в отношении мониторинга и отчетности.

Среди прочего, мониторинг и оценка дают важную информацию, помогающую понять, что получилось и что не получилось в финансируемых мероприятиях, и в дальнейшем усовершенствовать планирование и разработку портфеля проектов, для которых запрашивается финансирование. В частности, такая информация может относиться к экологической эффективности проекта/программы. Для мониторинга хода выполнения и результатов проектов/программ потребуются ключевые показатели и соответствующие данные. Информация о технологиях, используемых проектом/программой, нужна и для дальнейшего наращивания усилий в соответствующей сфере. Информацией можно будет воспользоваться при планировании аналогичных проектов: возможность увеличения масштабов и воспроизводимость проектов в значительной степени зависят от качества и «зрелости» технологий. Надлежащая информация о технологиях – важный фактор принятия инвестиционных решений государственными ведомствами, финансовыми институтами и другими участниками процесса. Некоторые проекты в регионе ВЕКЦА, получившие международное финансирование, прямо задумывались как демонстрационные, продвигающие новые для той или иной страны технологии, – например, проекты в области возобновляемой энергии, поддержанные Фондом чистых технологий в Казахстане и Украине, до того не имевших опыта выполнения таких проектов. По этим же причинам важна информация о финансовых механизмах, используемых в контексте климатического финансирования: целесообразность тех или иных финансовых инструментов зависит от экономических и финансовых барьеров, которые необходимо преодолеть в данной стране для обеспечения эффективности и устойчивого характера климатического финансирования.

Полученная информация должна быть интегрирована в управленческие процессы на уровне правительств стран ВЕКЦА, такие как стратегическое планирование, обоснование и разработка политики, управление проектами или программами, управление бюджетным процессом и кадровыми ресурсами (OECD DAC, 2014). Среди прочего, для этого необходимо обеспечить информированность высокого руководства и (когда это возможно) интеграцию в повседневную работу персонала функций, имеющих значение для мониторинга и оценки. Разнообразные данные о выполнении и результатах мер климатической политики внутри страны и за ее пределами могут вноситься в открытую базу данных для обмена информацией и опытом.

Дальнейшая работа может, среди прочего, включать анализ различных аспектов «эффективности» климатического финансирования в контексте развития. Например, может быть создана рамочная система, в основном анализирующая информацию разного рода по уже законченным проектам – относящуюся к «климатическим» результатам или последствиям проектов, к задействованным технологиям, к мобилизации частного финансирования и способствующим или препятствующим ему факторам (включая климатическую или инвестиционную политику). Такой анализ станет надежной основой для дальнейшего диалога по вопросам, касающимся наращивания усилий в рамках существующих/пилотных проектов, доступа к новым источникам финансирования, совершенствования климатической и инвестиционной политики для развития «зеленого» финансирования.

Примечание

1. Термин «инструменты, снижающие риски и делающие возможными транзакции» (risk mitigants and transaction enablers) используются в документе ОЭСР: OECD (2015b), “Mapping of instruments and incentives for infrastructure funding: A taxonomy”, Report to G20 Finance Ministers and Central Bank Governors *(ОЭСР, 2015 г. «Инструменты и стимулы в сфере инфраструктурного финансирования: классификация и систематизация». Отчет для министров финансов и руководителей центральных банков стран Большой двадцатки).*

Источники информации

AF (2015), *Independent Evaluation of the Adaptation Fund: First Phase Evaluation Report*, Adaptation Fund *(Фонд адаптации, 2015 г. Независимая оценка Фонда адаптации: отчет по первому этапу)* www.adaptation-fund.org/wp-content/uploads/2015/11/TANGO-ODI-Evaluation-of-the-AF_final-report.pdf.

AKI Press (2016), "Environmental protection fund allocates $224 thousand for replacement of filters of Bishkek boiler stations" *(AKI Press. «Природоохранный фонд выделяет 224 тысячи долларов на замену фильтров в котельных Бишкека»)*, 1 января 2016 г., www.akipress.com/news:571230/ (по состоянию на 5 сентября 2016 г.).

CIF (2014), "Republic of Armenia Scaling Up Renewable Energy Program (SREP). Investment Plan for Armenia, " *(Климатические инвестиционные фонды, 2014 г. «Программа развития возобновляемой энергетики в Республике Армения. Инвестиционный план для Армении»)*, www-cif.climateinvestmentfunds.org/sites/default/files/meeting-documents/armenia_srep_investment_plan_final_0.pdf.

EBRD (2014), "CEEP – Demirbank Azerbaijan" *(ЕБРР, 2014 г. «Кавказская программа энергоэффективности – Демирбанк, Азербайджан)*, www.ebrd.com/work-with-us/projects/psd/ceep---demirbank-azerbaijan.html (по состоянию на 24 октября 2016 г.).

EC (n.d.), International Cooperation and Development, Blending, Fruit Garden of Moldova" *(Европейская Комиссия, без даты. Международное сотрудничество и развитие, смешанное финансирование. «Фруктовый сад Молдовы»)* https://ec.europa.eu/europeaid/blending/fruit-garden-moldova_en (по состоянию на 24 октября 2016 г.).

ECS (2013), In-Depth Review of Energy Efficiency Policy of Belarus *(Секретариат энергетической хартии, 2013 г. «Подробный обзор политики повышения энергоэффективности в Беларуси»)*, Брюссель, Бельгия www.energycharter.org/fileadmin/DocumentsMedia/IDEER/IDEER-Belarus_2013_en.pdf (по состоянию на 25 августа 2016 г.).

GCF (2016a), "Accredited Entities" *(ЗКФ, 2016 г. Аккредитованные организации)*, страница на сайте www.greenclimate.fund/partners/accredited-entities (по состоянию на 24 октября 2016 г.).

GCF (2016b), Progress and Outlook Report of the Readiness and Preparatory Support Programme (ЗКФ, 2016 г. «Отчет о ходе и перспективах выполнения программы помощи в отношении подготовки к получению финансирования»), Сонгдо, Республика Корея www.greenclimate.fund/documents/20182/226888/GCF_B.13_24_-_Progress_and_outlook_report_of_the_Readiness_and_Preparatory_Support_Programme.pdf/ba611e9a-d890-4964-8a45-2e4896341059 (по состоянию на 24 октября 2016 г.).

GCF (2015), READINESS Fine print *(ЗКФ, 2015 г. Программа READINESS, подробная информация)*, www.greenclimate.fund/ventures/readiness/fine-print (по состоянию на 24 октября 2016 г.).

GEDF (2014), Georgian Energy Development Fund Company Presentation *(Грузинский фонд развития энергетики, 2014 г. Презентация Фонда)* http://gedf.com.ge/wp-content/uploads/2014/06/CCGT-GEDF.pdf (по состоянию на 24 октября 2016 г.).

GEF (n.d.), "Country Support Programme" *(ГЭФ, без даты. Программа поддержки стран)* https://www.thegef.org/topics/country-support-programme (по состоянию на 24 октября 2016 г.).

GEF and UNDP (2015), "De-risking Renewable Energy Investment" *(ГЭФ и ПРООН, 2015 г. «Минимизация инвестиционных рисков в сфере возобновляемой энергетики)*, www.thegef.org/project/de-risking-renewable-energy-investment (по состоянию на 24 октября 2016 г.).

GIZ (2015a), Climate Finance Readiness Programme in Tajikistan – CF Ready *(Германское общество по международному сотрудничеству, 2015 г. Программа готовности к климатическому финансированию в Таджикистане)*, Бонн и Эшборн, Германия http://naturalresources-centralasia.org/assets/files/EbA_Conference/Climate_Group/666.pdf (по состоянию на 24 октября 2016 г.).

GIZ (2013a), Assessing Needs for Climate Finance Readiness (*Германское общество по международному сотрудничеству, 2013 г. «Оценка потребностей в отношении подготовки к получению климатического финансирования»)*, Бонн и Эшборн, Германия, www.giz.de/expertise/downloads/giz2013-en-climate-finance-reflection-tool.pdf (по состоянию на 24 октября 2016 г.).

GIZ (2013b), Economic Approaches for Assessing Climate Change Adaptation Options Under Uncertainty *(Германское общество по международному сотрудничеству, 2013 г. «Экономические подходы к оценке возможных вариантов действий в области адаптации в условиях неопределенности»)*, Бонн и Эшборн, Германия, https://gc21.giz.de/ibt/var/app/wp342deP/1443/wp-content/uploads/filebase/ms/mainstreaming-guides-manuals-reports/Economic_assessment_of_CC_adaptation_options_-_GIZ_2013.pdf.

IEA (2016), "World Indicators", *IEA World Energy Statistics and Balances (МЭА, 2016 г. «Мировые показатели». Мировая энергетика: статистика и балансы, база данных МЭА)*, http://dx.doi.org/10.1787/data-00514-en (по состоянию на 30 мая 2016 г.).

IEA (2015), Energy Policies Beyond IEA Countries: Caspian and Black Sea Regions 2015 *(МЭА, 2015 г. «Энергетическая политика в странах, не входящих в МЭА: Каспийский и Черноморский регионы, 2015 год»)*, IEA/OECD Publishing, Париж, http://dx.doi.org/10.1787/9789264228719-en.

IEA and IRENA (2016). IEA/IRENA Global Renewable Energy Policies and Measures Database *(МЭА и Международное агентство по возобновляемой энергии, 2016 г. Глобальная база данных «Политика и меры в области возобновляемой энергии»)*, www.iea.org/policiesandmeasures/renewableenergy/ (по состоянию на 24 октября 2016 г.).

Kato, T., J. Ellis and C. Clapp (2014), "The role of the 2015 agreement in mobilising climate finance", OECD/IEA Climate Change Expert Group Papers, No. 2014/07 *(Като Т., Эллис Дж. и Клэпп К., 2014 г. «Роль Соглашения 2015 года в мобилизации климатического финансирования». Публикации экспертной группы ОЭСР/МЭА в области изменения климата, № 2014/07)*, OECD Publishing, Париж, http://dx.doi.org/10.1787/5js03h9ztlbr-en.

Kindermann, U. (2015), "Preparing for the implementation of the Georgian INDC, available support from German Development Cooperation" (Киндерманн, У. «Подготовка к имплементации ПОНУВ Грузии; помощь Германии». Доклад на консультационном совещании заинтересованных сторон в связи с ПОНУВ Грузии, Тбилиси, 17 августа 2015 г. http://1067656943.n159491.test.prositehosting.co.uk/wp-content-sec/uploads/2015/08/2015-08-17-INDC-implement-support-GIZ-UK.pdf (по состоянию на 24 октября 2016 г.).

Liu, H., D. Masera and L. Esser (eds.) (2013), World Small Hydropower Development Report 2013 *(Лиу Х., Масера Д. и Эссер Л. (под редакцией), 2013 г. «Развитие малой гидроэнергетики в мире. Отчет за 2013 год»)*, ЮНИДО, Вена, и Международный центр малой гидроэнергетики, Ханчжоу, Китай, www.smallhydroworld.org/fileadmin/user_upload/pdf/Asia_Western/WSHPDR_2013_Georgia.pdf.

Masullo, I. et al. (2015), "'Direct access' to climate finance: Lessons learned by national institutions" (*Масулло И. и др., 2015 г. «Прямой доступ» к климатическому финансированию: опыт национальных ведомств и организаций)*, рабочий отчет, ноябрь 2015 г., World Resources Institute, Вашингтон, www.wri.org/publication/direct-access.

Naidoo, C. (2014), "Green climate fund: Overview and readiness opportunities for Africa" *(Найду Ш., 2014 г. «Зеленый климатический фонд: обзор деятельности Фонда и возможности для Африки»)*, доклад для программы «Лидерство и готовность к климатическому финансированию», август 2014 г., http://e3g.org/docs/Day_1_CFRL_GCF_Readiness_07082014.pdf (по состоянию на 24 октября 2016 г.).

OECD (forthcoming), Inventory of Energy Subsidies in the EU's Eastern Partnership Countries: Belarus *(ОЭСР, готовится к печати. «Обзор энергетических субсидий в странах Восточного партнерства ЕС: Беларусь»)*.

OECD (2016a), OECD Business and Finance Outlook 2016 *(ОЭСР, 2016 г. «Бизнес и финансы: прогноз ОЭСР, 2016 год»)*, OECD Publishing, Париж, http://dx.doi.org/10.1787/9789264257573-en.

OECD (2016b), Environmental Lending in EU Eastern Partnership Countries, Green Finance and Investment *(ОЭСР, 2016 г. «Экологическое кредитование в странах Восточного партнерства ЕС». Зеленые финансы и инвестиции)*, OECD Publishing, Париж, http://dx.doi.org/10.1787/9789264252189-en.

OECD (2016c), Reforming Economic Instruments for Water Resources Management in Kyrgyzstan *(ОЭСР, 2016 г. «Реформирование экономических инструментов УВР в Кыргызстане»)*, OECD Publishing, Париж, http://dx.doi.org/10.1787/9789264249363-en.

OECD (2015a), "Toolkit to enhance access to adaptation finance: For developing countries that are vulnerable to adverse effects of climate change, including LIDCs, SIDS and African states" *(ОЭСР, 2015 г. «Инструменты для расширении доступа к финансированию в целях адаптации: для стран, подверженных отрицательным последствиям изменения климата, включая страны с низким уровнем доходов, малые островные развивающиеся страны и государства Африки»),* OECD Publishing, Париж, www.oecd.org/environment/cc/Toolkit%20to%20Enhance%20Access%20to%20Adaptation%20Finance.pdf (по состоянию на 24 октября 2016 г.).

OECD (2015b), "Mapping of instruments and incentives for infrastructure financ- ing: A taxonomy", Report to G20 Finance Ministers and Central Bank Governors *(ОЭСР, 2015 г. «Инструменты и стимулы в сфере инфраструктурного финансирования: классификация и систематизация». Отчет для министров финансов и руководителей центральных банков стран Большой двадцатки),* OECD Publishing, Париж, www.oecd.org/finance/private-pensions/Mapping-Instruments-Incentives-Infrastructure-Financing-Taxonomy.pdf.

OECD (2015c), Aligning Policies for a Low-carbon Economy, *(ОЭСР, 2015 г. «Согласованность политики в поддержу низкоуглеродной экономики»),* OECD Publishing, Париж, http://dx.doi.org/10.1787/9789264233294-en.

OECD (2014), Climate Resilience in Development Planning: Experiences in Colombia and Ethiopia *(ОЭСР, 2014 г. «Устойчивость к климатическим изменениям в контексте планирования в целях развития: опыт Колумбии и Эфиопии»),* OECD Publishing, Париж, http://dx.doi.org/10.1787/9789264209503-en.

OECD DAC (2014), Measuring and Managing Results in Development Co-operation: A Review of Challenges and Practices among DAC Members and Observers *(Комитет ОЭСР по содействию развитию, 2014 г. «Оценка результатов и управление результатами в сфере сотрудничества в целях развития: задачи, подходы и опыт партнеров, входящих в Комитет, и наблюдателей»),* OECD Publishing, Париж, www.oecd.org/dac/peer-reviews/Measuring-and-managing-results.pdf (по состоянию на 4 июля 2015 г.).

R2E2 (2014), "Scaling Up Renewable Energy Program (SREP): Investment Plan for Armenia" *(Фонд возобновляемой энергетики и энергосбережения Армении (R2E2), 2014 г. «Программа развития возобновляемой энергетики в Республике Армения. Инвестиционный план для Армении»),* www.r2e2.am/wp-content/uploads/2014/08/Armenia-SREP_2014.pdf (по состоянию на 5 сентября 2016 г.).

TWN (2016), Сеть стран третьего мира (TWN), «Совет ЗКФ утвердил упрощенную процедуру для небольших заявок на финансирование и других решений, относящихся к финансированию». «Изменение климата» – информационный сервис TWN, 5 июля 2016 г., www.twn.my/title2/climate/info.service/2016/cc160705.htm (по состоянию на 24 октября 2016 г.).

UNEP (2014), "Green Climate Fund Readiness Programme" *(ЮНЕП, 2014 г. Программа готовности ЗКФ).*

UNDP (2014a), "UNDP in Central Europe and Asia, Renewable Energy Snapshots" *(ПРООН, 2014 г. ПРООН и возобновляемая энергетика: Центральная Европа и Азия),* www.eurasia.undp.org/content/rbec/en/home/library/environment_energy/renewable-energy-snapshots.html (по состоянию на 24 октября 2016 г.).

UNDP (2014b), "ESCO Moldova – Transforming the market for Urban Energy Efficiency in Moldova by introducing Energy Service Companies, Project Document", *(ПРООН, 2014 г. «Молдова: энергоэффективность в городах, реформирование рынка и организация сервисных энергетических компаний. Проектный документ»)*, www.md.undp.org/content/dam/moldova/docs/Project%20Documents/ESCO%20Moldova%20Project%20Document_EN.pdf.

UNEP, UNDP and WRI (2015), Supporting Readiness Programme *(ЮНЕП, ПРООН и Институт мировых ресурсов, 2015 г. Поддержка стран – программа готовности)*, сайт, www.gcfreadinessprogramme.org (по состоянию на 24 октября 2016 г.).

UNECE and REN21 (2015), "The UNECE Renewable Energy Status Report" *(ЕЭК ООН и сеть «Возобновляемая энергия для 21-го века» (REN21), 2015 г. «Отчет ЕЭК ООН о текущей ситуации в области возобновляемой энергетики»)*, www.unece.org/energywelcome/areas-of-work/renewable-energy/unece-renewable-energy-status-report.html.

UNECE (2012), Tajikistan Environmental Performance Reviews *(ЕЭК ООН, 2012 г. Обзоры результативности экологической деятельности – Таджикистан)*, www.unece.org/fileadmin/DAM/env/epr/epr_studies/TajikistanII.pdf.

UNFCCC (2015), INDCs as communicated by Parties *(РКИК ООН, 2015 г. ПОНУВ, как они представлены сторонами)*, http://www4.unfccc.int/submissions/INDC/Submission%20Pages/submissions.aspx (по состоянию на 24 октября 2016 г.).

World Bank (2015), "World Bank Group – Uzbekistan Partnership: Country Program Snapshot" *(Всемирный Банк, 2015 г. «Группа Всемирного Банка – коротко о партнерской программе в Узбекистане»)*, Вашингтон, http://pubdocs.worldbank.org/pubdocs/publicdoc/2015/10/420141446025649239/Uzbekistan-Snapshot.pdf (по состоянию на 24 октября 2016 г.).

Правительство Азербайджана (2014 г.). Сайт Государственного агентства по альтернативным и возобновляемым источникам энергии, www.area.gov.az/index (по состоянию на 24 октября 2016 г.).

Правительство Армении (2015 г.). Предполагаемый определяемый на национальном уровне вклад Армении, www4.unfccc.int/submissions/INDC/Published%20Documents/Armenia/1/INDC-Armenia.pdf.

Правительство Украины (2015 г.). «Украина предлагает Швеции принять участие в создании Фонда энергоэффективности», www.kmu.gov.ua/control/en/publish/article?art_id=248672500&cat_id=244314975 (по состоянию на 24 октября 2016 г.).

Самрук-Казына (2016), Информационно-аналитический портал Фонда национального благосостояния «Самрук-Казына», http://skm.kz/en/ (по состоянию на 5 сентября 2016 г.).

Сайт Государственного нефтяного фонда Азербайджанской Республики (SOFAZ), www.oilfund.az/en_US/hesabatlar-ve-statistika/son-reqemler.asp (по состоянию на 1 июня 2016 г.).

Глава 4

Обзоры отдельных стран

*Настоящая глава обобщает результаты странового анализа в отношении климатического финансирования в контексте развития для одиннадцати стран Восточной Европы, Кавказа и Центральной Азии (ВЕКЦА). Полные тексты отчетов по отдельным странам доступны на сайте ОЭСР в разделе Программы действий по «зеленой» экономике [*www.oecd.org/environment/outreach/eap-tf.htm*]. Каждый из этих отчетов анализирует плановые цели климатической политики стран; приоритетные для нее секторы/сферы деятельности; потоки финансирования в поддержку*

«климатических» усилий в регионе ВЕКЦА; существующие в странах стимулирующие факторы, такие как законы, нормативные акты, институциональные структуры и внутренние механизмы финансирования.

Общие рамки анализа

Настоящая глава обобщает данные отчетов о климатическом финансировании в целях развития для одиннадцати стран ВЕКЦА. Полные тексты отчетов по отдельным странам доступны на сайте ОЭСР в разделе Программы действий по «зеленой» экономике[1]; они включают:

- Анализ плановых целей климатической политики стран и приоритетных для нее секторов/сфер деятельности. Анализ опирается на ПОНУВ страны, если это возможно, на другие программные документы и отчеты для Рамочной конвенции Организации Объединенных Наций об изменении климата (РКИК ООН).
- Обзор потоков международного климатического финансирования в контексте развития, основанный на количественном анализе, охватывающем двухлетний период 2013–2014 годов, и на качественном анализе за 2011–2015 гг. Этот анализ не дает полной картины климатического финансирования из всех возможных источников, но он позволяет лучше понять структуру финансирования, поступающего из международных (государственных) источников, в разбивке по основным секторам/сферам, донорам и отдельным проектам, а также разобраться в том, какие национальные организации получают и осваивают финансирование, с учетом того, что соответствующая информация зачастую весьма фрагментарна.
- Краткий обзор существующих в отдельных странах стимулирующих систем, включающих законы, нормативные акты, институциональные структуры и внутренние механизмы финансирования, которые прямо или косвенно содействуют «низкоуглеродному» развитию, устойчивому к изменению климата. Этот анализ опирается на общедоступные документы, касающиеся правовых и политических механизмов и государственных финансирующих структур.

Количественный анализ, охватывающий 2013–2014 гг., использует базу данных Системы отчетности кредиторов (СОК) Комитета ОЭСР по помощи в целях развития (КСР)[2]. Эта база данных позволяет сделать приблизительную количественную оценку климатического финансирования в контексте развития, предоставляемого для содействия достижению целей Рио-де-Жанейрских конвенций по смягчению последствий изменения климата и адаптации к изменению климата. Двусторонние источники финансирования включают членов Комитета ОЭСР по помощи в целях развития; многосторонние доноры – это многосторонние банки развития (МБР) и международные климатические фонды, а также некоторые участники кооперации «Юг-юг» и доноры, не входящие в КСР. Настоящее исследование анализирует финансирование в поддержку деятельности, имеющей своей главной или существенной целью смягчение последствий изменения климата или адаптацию к нему. Качественный анализ, охватывающий 2011–2015 гг., использует общедоступную информацию на уровне проектов, относящуюся к двусторонним и многосторонним источникам финансирования (документы по оценке проектов, промежуточные и итоговые отчеты об их выполнении, регулярная отчетность доноров).

База данных Системы отчетности кредиторов фиксирует номинальную стоимость мероприятий на дату подписания с бенефициарами соответствующих грантовых или кредитных соглашений (оформление обязательств, а не фактическое выделение средств), поэтому возможны расхождения между информацией СОК и статистикой отдельных стран в отношении полученного ими климатического финансирования, особенно за длительные периоды.

Как при количественном, так и при качественном анализе информация ограничивается странами-членами КСР ОЭСР, МБР и климатическими фондами; в обзор не вошли некоторые страны-доноры, не являющиеся членами КСР, такие как КНР и Российская Федерация, и структуры частного сектора, которые, по-видимому, предоставили значительные объемы финансирования некоторым странам ВЕКЦА.

Азербайджан

Азербайджан представил свой ПОНУВ в 2015 году, включив в него целевые количественные показатели по сокращению суммарных выбросов ПГ на 25.7 млн т CO_{2e} (за исключением землепользования, изменений в землепользовании и лесного хозяйства – ЗИЗЛХ), или на 24.2 млн т CO_{2e} (включая ЗИЗЛХ) к 2030 году по сравнению с уровнем 1990 года (Правительство Азербайджана, 2015). В ПОНУВ также указаны приоритетные задачи в области смягчения последствий изменения климата в таких секторах, как энергетика, нефте- и газодобыча, транспорт. Крупнейшим источником выбросов ПГ является энергетический сектор, в котором страна стремится активизировать внедрение мер энергоэффективности, а также альтернативных и возобновляемых источников энергии.

Климатическое финансирование из многосторонних и двусторонних источников, выделенное для Азербайджана в 2013–2014 годах, составило около 63 миллионов долларов США в год, что значительно меньше, чем в среднем по странам ВЕКЦА (303 млн долларов в год) – на одном уровне с Кыргызстаном. Это объясняется высоким уровнем экономического развития страны (в 2014 году ВВП по ППС составил в Азербайджане 16 710 долларов на душу населения и по этому показателю Азербайджане был третьим после Казахстана и Беларуси) и, соответственно, меньшими потребностями в международной помощи.

В 2013 и 2014 годах климатическое финансирование в контексте развития для Азербайджана в основном предоставлялось многосторонними структурами, выделявшими 51 млн долларов в год (или 80% общего объема ресурсов, предоставленных по всем каналам). Главными источниками финансирования были Группа Всемирного Банка, АБР и ЕБРР. Наибольшая доля климатического финансирования в 2013 г. и 2014 гг. предназначалась для сектора обращения с отходами и утилизации отходов и для транспортного сектора. Это обусловлено двумя масштабными проектами, предпринятыми в этих секторах Всемирным Банком и АБР. В 2011–2015 гг. средства выделялись и на реализацию других проектов в области энергоэффективности и возобновляемых источников энергии. Помимо финансирования в целях развития, около 80% прямых иностранных инвестиций в 2014 году были направлены в нефтегазовую отрасль.

В реализации климатических проектов, поддержанных международными источниками финансирования, участвует ряд министерств и ведомств, а также государственные финансовые структуры (Правительство Азербайджана, 2016). Так, Государственное агентство по альтернативным и возобновляемым источникам энергии выступает в качестве основного регулирующего органа в сфере возобновляемой энергетики. Министерство промышленности и энергетики контролирует и регулирует топливно-энергетический комплекс и осуществляет надзор за его эффективностью, а Государственный нефтяной фонд Азербайджанской Республики осуществляет инвестиции в целый ряд инфраструктурных проектов в области энергетики, водоснабжения и водоотведения, ирригационных систем и транспорта, в других секторах экономики.

Рисунок 4.1. **Климатическое финансирование в контексте развития, выделенное Азербайджану в 2013-14 гг.**

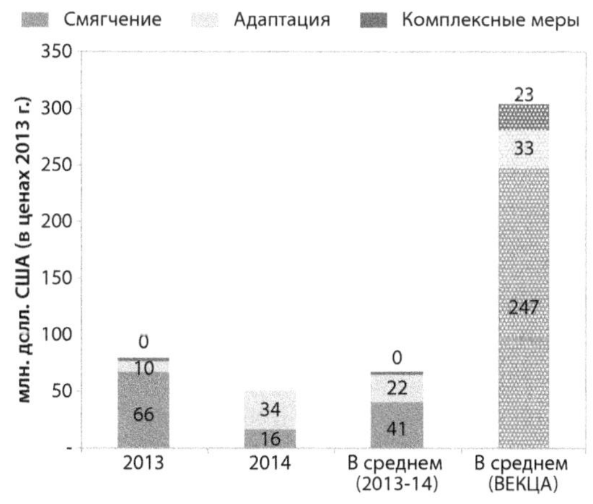

Рисунок 4.2. **Пять основных секторов в 2013-14 гг.**

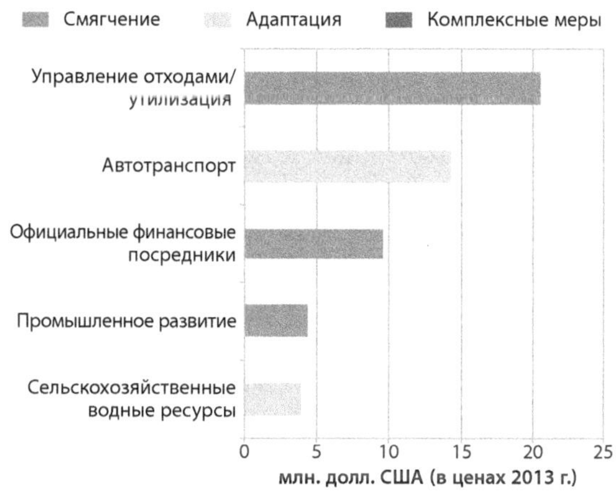

Примечание: климатическое финансирование в контексте развития = смягчение + адаптация – комплексное (смягчение и адаптация).

Источник: На основе данных OECD (2016).

Армения

Армения представила свой ПОНУВ в 2015 году, отразив в нем необходимость решения проблем как адаптации к изменению климата, так и смягчения его последствий. Страна сообщила о своем намерении установить общий совокупный количественный вклад на период 2015–2050 гг. на уровне 633 млн т CO_{2e}, или 5.4 т CO_{2e} в среднем на душу населения в год (Правительство Армении, 2015). В ПОНУВ также указывается, что страна будет придерживаться «экосистемного подхода» в сфере адаптации. Армения уже разработала ряд правовых и политических механизмов для решения проблем, связанных с изменением климата, и сформировала более широкую повестку устойчивого развития (включая, например, Стратегическую программу долгосрочного развития Республики Армения на 2012-2025 гг.) (Правительство Армении, 2016).

В течение двухлетнего периода 2013–2014 гг. климатическое финансирование в целях развития (смягчение последствий и адаптация) для Армении составило почти 200 миллионов долларов США в год; это меньше, чем в среднем по странам ВЕКЦА – 303 млн долларов в год. При этом в расчете на душу населения финансирование для Армении было в два раза выше среднего по региону ВЕКЦА (примерно 55 долларов и 27 долларов в год, соответственно). Распределение средств между смягчением последствий, адаптацией и «комплексной» деятельностью (смягчение и адаптация) в течение этого периода было относительно сбалансированным: 29%, 38% и 33%, соответственно. В 2013 и 2014 годах наибольшую долю климатического финансирования в контексте развития – около 162 млн долларов в год, или 67.8% – получили такие секторы как энергетика, сельское и водное хозяйство.

В 2013–2014 гг. значительные объемы климатического финансирования в контексте развития были предоставлены как двусторонними, так и многосторонними источниками. Наряду с Германией, крупнейшим были Группа Всемирного банка, Азиатский банк развития и Европейский банк реконструкции и развития. Основным финансовым инструментом было кредитование. Вообще же использовались разнообразные финансовые инструменты: гранты, льготные и нельготные займы, инвестиции в собственный капитал предприятий.

Выполнением проектов, связанных с климатом, занимается Министерство охраны природы при поддержке международных партнеров. При этом в софинансировании таких проектов участвуют и другие министерства и ведомства, а также государственные финансовые структуры. Так, Министерство энергетики и природных ресурсов отвечает за энергетическую политику, и Фонд возобновляемой энергетики и энергосбережения (R2E2) участвует в финансировании проектов, поддержанных международными партнерами (R2E2, 2014).

Рисунок 4.3. **Климатическое финансирование в контексте развития, выделенное Армении в 2013-14 гг.**

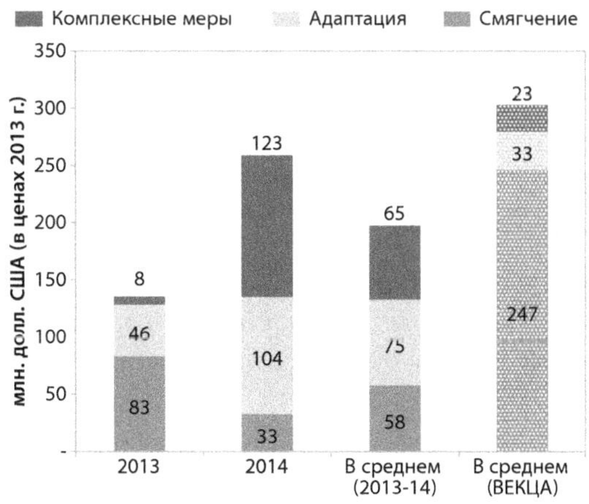

Рисунок 4.4. **Пять основных секторов в 2013-14 гг.**

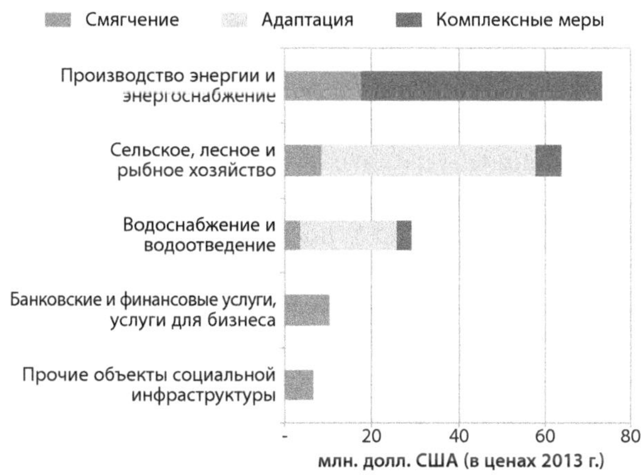

Примечание: климатическое финансирование в контексте развития = смягчение + адаптация – комплексное (смягчение и адаптация).

Источник: На основе данных OECD (2016).

Беларусь

Беларусь представила ПОНУВ в 2015 году, заявив в нем о своем намерении к 2030 году сократить выбросы ПГ по меньшей мере на 25% по сравнению с уровнем 1990 года (правительство Беларуси, 2015a). Подчеркивая важность адаптации к изменению климата, ПОНУВ информирует о том, что конкретные меры в сфере адаптации будут разработаны в ближайшие годы. Наиболее уязвимыми к изменению климата секторами названы лесное и сельское хозяйство. В Беларуси уже разработан ряд правовых и политических механизмов для решения проблем, связанных с изменением климата; формируется более широкая повестка устойчивого развития (включая, например, Государственную программу мер по смягчению последствий изменения климата на 2013–2020 гг., Национальную стратегию устойчивого социально-экономического развития на период до 2030 года и проект закона «Об охране климата») (Правительство Беларуси, 2015b).

В 2013–2014 гг. климатическое финансирование в контексте развития для Беларуси составило 140 миллионов долларов США в год, причем 99% этой суммы было направлено на цели, относящиеся к смягчению последствий. В течение этих двух лет Беларуси было выделено меньше средств, чем в среднем странам ВЕКЦА (303 млн долларов в год). Учитывая, что ВВП на душу населения (по ППС) в Беларуси – второй в регионе ВЕКЦА, представляется, что климатическая деятельность, включая меры в области адаптации, в Беларуси в значительной степени финансируется из внутренних источников. Так, средние расходы национального и региональных бюджетов Беларуси на цели энергосбережения в 2013 и 2014 годах составили 319 млн долларов в год, что в 2.3 раза больше международного климатического финансирования в контексте развития, предоставленного стране в тот же период.

Наибольшие объемы климатического финансирования в контексте развития (около 96% от общей суммы) в 2013–2014 гг. были предоставлены МБР, такими как Группа Всемирного Банка и ЕБРР, в основном в форме займов на обычных условиях. В течение двухлетнего периода наибольшая доля финансирования была направлена в энергетический сектор для реализации проектов в области развития возобновляемых источников энергии и энергосбережения. Значительные средства были также выделены банковскому сектору в форме кредитной линии ЕБРР в рамках Программы финансирования устойчивой энергетики в Беларуси.

Министерство природных ресурсов и охраны окружающей среды разрабатывает и реализует национальную климатическую политику (в области смягчения последствий и адаптации) и координирует деятельность соответствующих государственных органов. Министерство выполняет ряд климатических проектов при поддержке международных партнеров. К этой деятельности причастны и другие ведомства – например, Департамент по энергоэффективности, Министерство энергетики и Министерство лесного хозяйства.

Рисунок 4.5. **Климатическое финансирование в контексте развития, выделенное Беларуси в 2013-14 гг.**

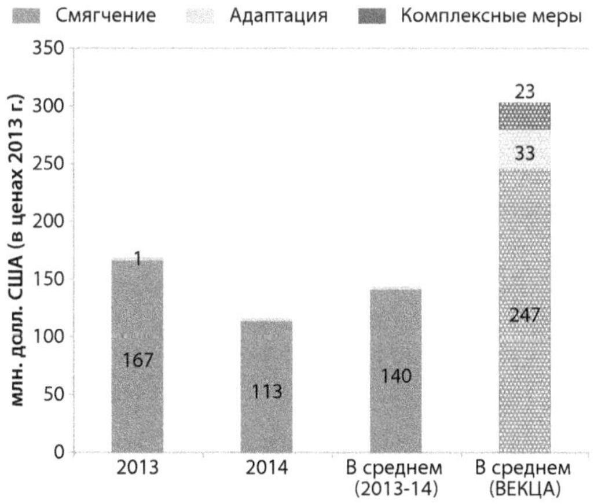

Рисунок 4.6. **Пять основных секторов в 2013-14 гг.**

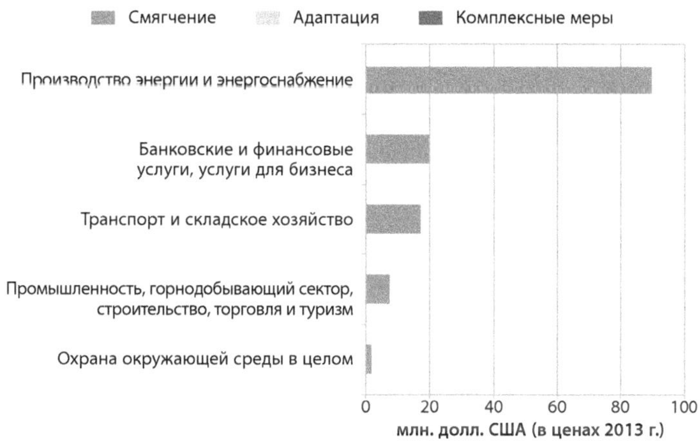

Примечание: климатическое финансирование в контексте развития = смягчение + адаптация – комплексное (смягчение и адаптация).

Источник: На основе данных OECD (2016).

Грузия

Грузия представила ПОНУВ в 2015 году, определив в нем свои приоритеты в отношении и адаптации к изменению климата, и смягчения его последствий (Правительство Грузии, 2015). Грузия сообщает в ПОНУВ о своем намерении к 2030 году сократить выбросы ПГ по меньшей мере на 15% по сравнению с инерционным сценарием развития. Грузия разрабатывает ряд правовых и политических механизмов для решения проблем, связанных с изменением климата, и формирует более широкую повестку устойчивого развития (включая, например, закон «Об электроэнергетике и природном газе», а также Стратегию развития при низком уровне выбросов, работа над которой будет завершена в ближайшее время) (Правительство Грузии, 2016).

В 2013–2014 гг. международное климатическое финансирование в поддержку усилий Грузии в области смягчения последствий и адаптации составило около 239 миллионов долларов в год (в течение этих двух лет оно выделялось неравномерно). Это меньше, чем в среднем по странам ВЕКЦА (303 млн долларов США в год), однако в расчете на душу населения Грузия получила в два раза больше, чем, в среднем, страны ВЕКЦА: примерно 55 долларов в Грузии и в среднем 27 долларов в год в регионе ВЕКЦА.

В 2013 и 2014 гг. наибольший объем климатического финансирования в контексте развития предназначался для энергетического сектора (67.8%). Самые крупные проекты в сфере энергетики были связаны со строительством и модернизацией гидроэлектростанций и с повышением эффективности распределительных электрических сетей. В последние пять лет выполнялись и проекты, связанные с другими видами возобновляемой энергии (биомасса, энергия ветра) и энергосбережением в сфере потребления. В контексте адаптации климатическое финансирование направлялось главным образом в лесное и сельское хозяйство, а также в сферу управления рисками стихийных бедствий. В 2013–2014 гг. бóльшую часть климатического финансирования предоставили МБР (при этом 67% приходилось на долю ЕБРР и Международной финансовой корпорации). Второй по значению источник – двусторонние доноры (доля ЕС, Франции и Германии составила 32%). Основным финансовым инструментом были кредиты.

Функции национального координационного центра или уполномоченного органа в отношении РКИК ООН, Зеленого климатического фонда и Глобального экологического фонда выполняются Министерством охраны окружающей среды и природных ресурсов Грузии. Оно занимается реализацией климатических проектов, поддерживаемых международными партнерами. В реализации или финансировании таких проектов участвуют и другие министерства и ведомства (например, Министерство экономики и устойчивого развития), государственные финансовые структуры (Правительство Грузии, 2016).

Рисунок 4.7. **Климатическое финансирование в контексте развития, выделенное Грузии в 2013-14 гг.**

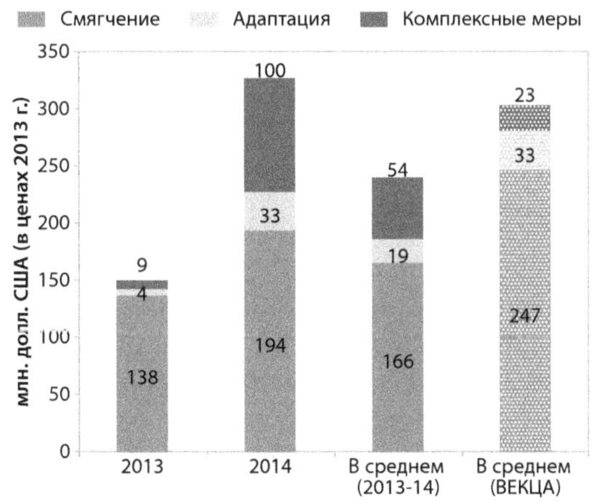

Рисунок 4.8. **Пять основных секторов в 2013-14 гг.**

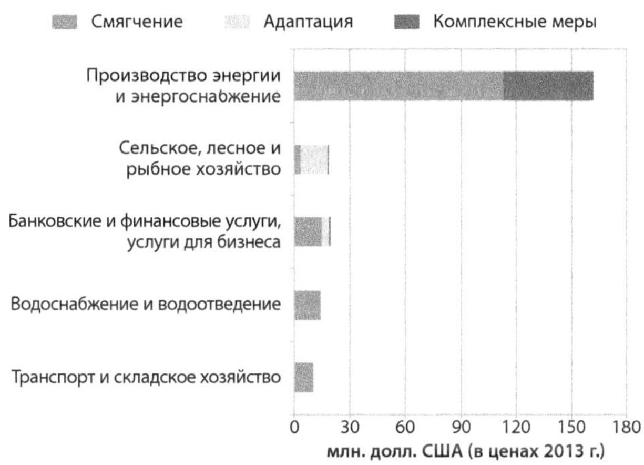

Примечание: климатическое финансирование в контексте развития = смягчение + адаптация – комплексное (смягчение и адаптация).

Источник: На основе данных OECD (2016).

Казахстан

Казахстан представил свой ПОНУВ в 2015 году, обозначив в нем задачу к 2030 году снизить выбросы ПГ на 15–25% по сравнению с уровнем 1990 года (Правительство Казахстана, 2015). Казахстан также внедрил ряд правовых и политических механизмов для решения проблем, связанных с изменением климата, и разработал более широкую повестку устойчивого развития (включая, например, Концепцию по переходу к зеленой экономике, закон «Об энергосбережении и повышении энергоэффективности» и закон «О поддержке использования возобновляемых источников энергии»).

В 2013 и 2014 годах климатическое финансирование в контексте развития, выделенное Казахстану, составило около 346.7 млн долларов США в год, причем 91% средств – на реализацию целевых проектов в области смягчения последствий. Таким образом, объем климатического финансирования для Казахстана был немного больше среднего по странам ВЕКЦА (303 млн долларов в год), при этом ВВП Казахстана на душу населения по ППС – самый высокий в регионе ВЕКЦА. Казахстан и сам является поставщиком официальной помощи в целях развития – главным образом, таким странам региона как Кыргызстан, Таджикистан и Украина. Предоставляемая Казахстаном ОПР не ограничивается климатическим финансированием.

В 2013–2014 гг. бóльшая доля климатического финансирования в контексте развития была выделена Казахстану по многосторонним каналам (311 млн долларов в год, или 89.6% от общего объема): ЕБРР и ЕИБ предоставляли Казахстану кредиты на обычных условиях, КИФ – льготные кредиты. ЕС предоставил Казахстану значительные по размеру гранты.

Наибольший объем климатического финансирования был направлен в сектор производства энергии и энергоснабжения для проектов в сфере энергоэффективности и возобновляемых источников энергии в соответствии с национальными программами развития в этих областях. Банковскому и финансовому сектору средства в основном предоставлялись в форме кредитных линий ЕИБ на местные банки для помощи малым и средним предприятиям в финансировании проектов, главным образом связанных с возобновляемыми источниками энергии и повышением энергоэффективности в сфере потребления энергии.

Ведущую роль в формировании энергетической политики и регулировании энергетического сектора играет Министерство энергетики, которое сейчас отвечает и за климатические программы, до 2014 года находившиеся в ведении Министерства окружающей среды и водных ресурсов. Министерство энергетики участвует в ряде климатических проектов, выполняемых при поддержке международных партнеров. В финансировании и/или реализации таких проектов принимают участие и другие министерства и ведомства, государственные финансовые структуры. Так, в ряд проектов в области возобновляемой энергетики инвестировал значительные средства, наряду с другими организациями, Фонд национального благосостояния «Самрук-Казына» (Правительство Республики Казахстан, 2016). В выполнении климатических программ также активно участвуют Министерство сельского хозяйства, Министерство по инвестициям и развитию и Министерство национальной экономики.

Рисунок 4.9. **Климатическое финансирование в контексте развития, выделенное Казахстану в 2013-14 гг.**

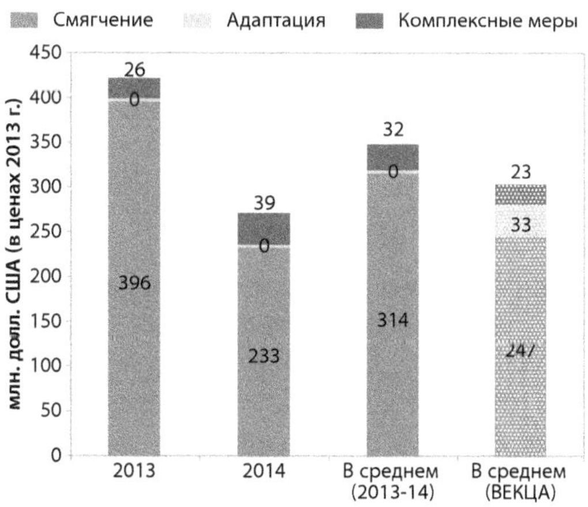

Рисунок 4.10. **Пять основных секторов в 2013-14 гг.**

Примечание: климатическое финансирование в контексте развития = смягчение + адаптация – комплексное (смягчение и адаптация).

Источник: На основе данных OECD (2016).

Кыргызстан

ПОНУВ, представленный Кыргызстаном, определяет цели и меры в отношении как адаптации, так и смягчения последствий. В сфере адаптации ПОНУВ опирается на «Приоритетные направления адаптации к изменению климата в Кыргызской Республике до 2017 года». Приоритетными в контексте адаптации секторами ПОНУВ называет сельское хозяйство, энергетику, водное хозяйство, управление чрезвычайными ситуациями (включая управление рисками стихийных бедствий), здравоохранение, лесное хозяйство и сохранение биоразнообразия. Кыргызстан заявил о своем намерении к 2030 году снизить выбросы ПГ на 11.49–13.75% по сравнению с инерционным сценарием развития, на 29.00-30.89% – при условии предоставления международной помощи (финансирование, передача технологий, наращивание потенциала и т. п.) (Правительство Кыргызстана, 2015).

В 2013–2014 гг. двусторонние и многосторонние источники выделяли на реализацию климатических программ в Кыргызстане 59.9 млн долларов США в год, что в пять раз меньше среднего уровня климатического финансирования в контексте развития для стран ВЕКЦА. Молдова и Таджикистан – страны со сходным уровнем дохода – получили 136 и 260 млн долларов в год, соответственно. Уровень финансирования на душу населения в Кыргызстане также значительно ниже среднего для стран ВЕКЦА (10.3 и 33.2 доллара на человека в год).

В 2013 и 2014 году наибольший объем климатического финансирования в контексте развития был направлен в энергетический сектор (производство энергии и энергоснабжение). На втором месте – сфера банковских и финансовых услуг и услуг для бизнеса (в значительной степени это поддержка Программы финансирования устойчивой энергии в Кыргызстане). Хотя ПОНУВ Кыргызстана признает значение усилий в области адаптации, тематическое распределение климатического финансирования на цели развития в 2013 и 2014 годах в Кыргызстане было не вполне сбалансированным: на смягчение последствий, адаптацию и комплексную (обе цели) деятельность приходилось 69%, 10% и 21% соответственно.

Межотраслевую координацию всех «климатических» усилий в Кыргызстане осуществляет Координационная комиссия по проблемам изменения климата, включающая должностных лиц всех соответствующих министерств и ведомств, а также представителей общественных организаций, академических и деловых кругов. Государственное агентство охраны окружающей среды и лесного хозяйства и Министерство энергетики и промышленности также играют ключевую роль в разработке и выполнении программ, связанных с климатом и энергетикой. Из международных источников в 2012 году было профинансировано 97% государственных инвестиций (в том числе, связанных с климатом) (PPCR, 2015).

Рисунок 4.11. **Климатическое финансирование в контексте развития, выделенное Кыргызстану в 2013-14 гг.**

Рисунок 4.12. **Пять основных секторов в 2013-14 гг.**

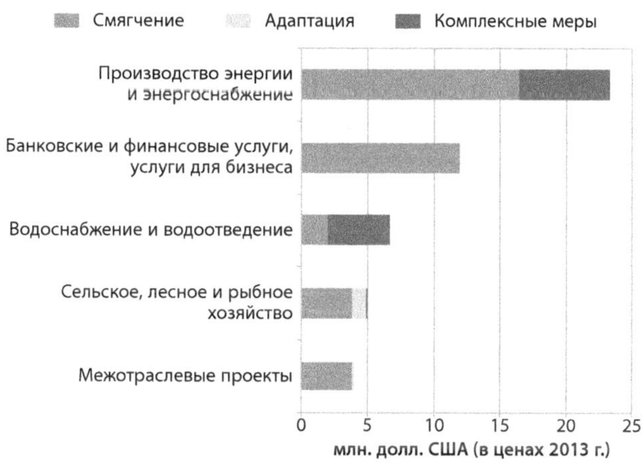

Примечание: климатическое финансирование в контексте развития = смягчение + адаптация – комплексное (смягчение и адаптация).

Источник: На основе данных OECD (2016).

Молдова

Республика Молдова (Молдова) представила ПОНУВ в 2015 году, определяя в нем свои приоритеты и потребности в отношении как адаптации, так и смягчения последствий изменения климата. Молдова заявляет в ПОНУВ о своем намерении к 2030 году сократить выбросы ПГ на 64-67% по сравнению с уровнем 1990 года или на 78%, если Молдова получит международную поддержку (Правительство Республики Молдова, 2015). Стратегия развития Молдовы при низком уровне выбросов разработана, соответствующие планы действий подлежали утверждению в 2016 году. В Стратегии изложены основные направления «климатических» усилий на период до 2030 года. ПОНУВ также говорит о Стратегии адаптации Республики Молдова к изменению климата до 2020 года и о Плане действий по ее реализации; в них обозначены среднесрочные подходы, цели и задачи в сфере адаптации.

В 2013 и 2014 гг. климатическое финансирование в контексте развития для Молдовы составило 136.2 млн долларов США в год; из них 68% было направлено на смягчение последствий, 19% – на адаптацию, 11% – на комплексные проекты (смягчение и адаптация). Эта сумма существенно меньше, чем в среднем по 11 странам ВЕКЦА (303 млн долларов в год), хотя в расчете на душу населения Молдова получила больше других стран: 38 долларов в Молдове и 33 доллара на душу населения в среднем в ВЕКЦА.

Наибольшие объемы климатического финансирования в контексте развития в 2013 и 2014 годах были направлены в энергетику (производство энергии и энергоснабжение), а также в сельское, лесное и рыбное хозяйство. В последнем случае финансирование было почти поровну разделено между адаптацией и смягчением последствий. Финансирование проектов в области адаптации и комплексных проектов примерно соответствовало среднему для стран ВЕКЦА уровню, тогда как финансирование в целях смягчения последствий находилось на уровне значительно ниже среднего. Около 80% климатического финансирования поступило по многосторонним каналам, главным образом в форме займов (ЕБРР, ЕИБ и Группа Всемирного Банка); остальные средства, в основном в виде грантов, предоставили двусторонние партнеры (ЕС, Германия и Япония).

Вопросами выполнения обязательств в рамках РКИК ООН ведает Национальная комиссия по имплементации под председательством Министра окружающей среды. В реализации климатических проектов, включая осуществление государственных инвестиций, участвует ряд министерств (министерства окружающей среды, экономики, регионального развития и строительства, сельского хозяйства и пищевой промышленности), а также внутренние финансовые структуры (Фонд энергоэффективности и Национальный фонд регионального развития) (Правительство Молдовы, 2016).

Рисунок 4.13. **Климатическое финансирование в контексте развития, выделенное Молдове в 2013-14 гг.**

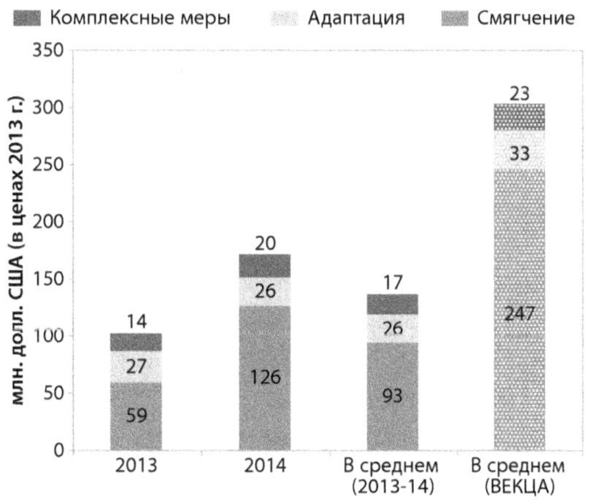

Рисунок 4.14. **Пять основных секторов в 2013-14 гг.**

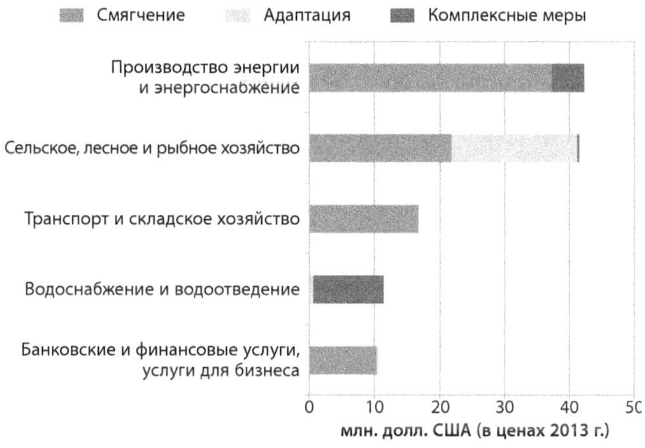

Примечание: климатическое финансирование в контексте развития = смягчение + адаптация – комплексное (смягчение и адаптация).

Источник: На основе данных OECD (2016).

Таджикистан

Республика Таджикистан представила ПОНУВ в 2015 году, заявив в нем свои цели, безусловные и зависящие от международной поддержки, в области адаптации к изменению климата и смягчения его последствий. Безусловное обязательство Таджикистана в области смягчения последствий к 2030 году – выбросы ПГ не выше 80-90% от уровня 1990 г.; с предоставлением международной помощи – не выше 65-75% от уровня 1990 года (Правительство Таджикистана, 2015 г.).

В 2013–2014 гг. выделяемое для Таджикистана климатическое финансирование в контексте развития составляло 286 миллионов долларов США в год. Это немного меньше, чем в среднем для стран ВЕКЦА (303 млн долларов в год); климатическое финансирование для Таджикистана немногим меньше среднего и из расчета на душу населения: 31.3 доллара в Таджикистане и 33.2 доллара в среднем в ВЕКЦА. Бóльшую часть финансирования составили гранты и льготные кредиты, что обусловлено сравнительно низким уровнем экономического развития Таджикистана.

В 2013 и 2014 годах 61% финансирования был выделен на проекты по смягчению последствий. 20% предназначалось для комплексных проектов (и смягчение, и адаптация) – главным образом, для двух крупномасштабных программ в энергетике и сельском хозяйстве. В 2013-2014 гг. существенные объемы климатического финансирования в контексте развития выделялись Таджикистану всеми основными источниками – многосторонними банками развития, двусторонними донорами и климатическими фондами (АБР, ЕБРР, Климатические инвестиционные фонды, Группа Всемирного Банка, Германия и Швейцария).

Таджикистан первым из стран ВЕКЦА принял участие в Пилотной программе по адаптации к изменению климата, выполняемой Климатическими инвестиционными фондами при финансовой поддержке нескольких доноров. Пилотная программа включает ряд подпроектов, связанных с повышением «климатической устойчивости» энергетического сектора, с улучшением условий жизни и практики землепользования в сельской местности, с поддержкой малых и средних предприятий и фермеров. При этом львиная доля климатического финансирования в контексте развития (около 170 млн долларов в год, или 67%) в 2013–2014 гг. была направлена в энергетический сектор.

Помимо Комитета по охране окружающей среды, отвечающего за управление природными ресурсами и природоохранную деятельность, к выполнению «климатических» проектов и программ в Таджикистане причастны еще несколько министерств и государственных организаций. Доля финансовой помощи из международных источников в государственных инвестициях остается очень высокой: в 2002-2012 гг. в общем объеме государственных инвестиций внутри страны – а это 2.13 миллиарда долларов США – средства госбюджета составили всего 147 миллионов долларов.

Рисунок 4.15. **Климатическое финансирование в контексте развития, выделенное Таджикистану в 2013-14 гг.**

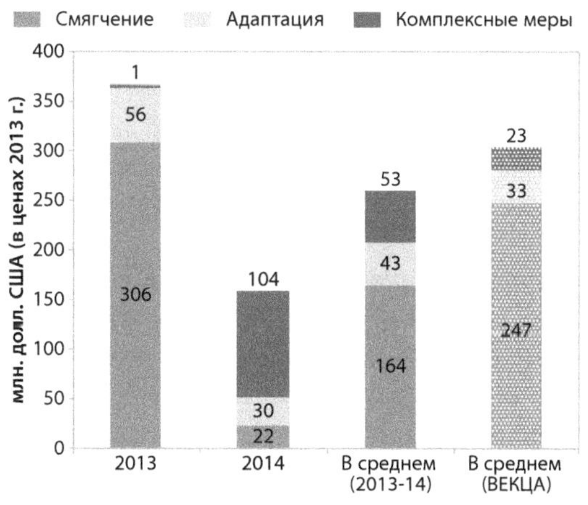

Рисунок 4.16. **Пять основных секторов в 2013-14 гг.**

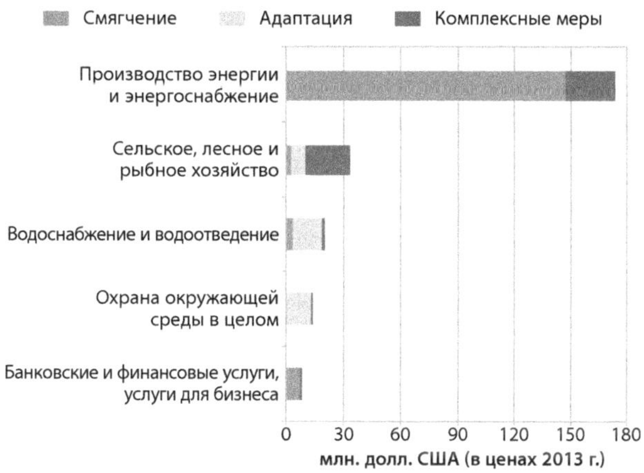

Примечание: климатическое финансирование в контексте развития = смягчение + адаптация – комплексное (смягчение и адаптация).

Источник: На основе данных OECD (2016).

Туркменистан

ПОНУВ Туркменистана, представленный в 2015 году, определяет как условные (зависящие от международной поддержки), так и безусловные цели Туркменистана в отношении смягчения последствий изменения климата. Безусловная цель состоит в том, чтобы темпы увеличения выбросов ПГ в период 2015–2030 гг. были ниже темпов роста ВВП; обусловленная наличием международной помощи – чтобы в этот период выбросы ПГ не увеличились. В ПОНУВ также говорится о необходимости разработки развернутого национального плана действий по адаптации к изменению климата. Секторами, наиболее уязвимыми к изменению климата, считаются сельское и водное хозяйство, здравоохранение, почвенные и земельные ресурсы, экосистемы (флора и фауна) и лесное хозяйство (Правительство Туркменистана, 2015).

Туркменистан получает значительно меньше международного климатического финансирования в контексте развития, чем другие страны ВЕКЦА: в 2013–2014 годах 3.3 млн долларов США в год на проекты по смягчению последствий и еще 1.6 млн долларов в год на инициативы в области адаптации – всего 1.6% от среднего объема финансирования для стран ВЕКЦА (303 млн долларов в год). Это отражает позицию Туркменистана, правительство которого считает, что основную роль в финансировании климатических программ, определенных в ПОНУВ, должны играть внутренние источники.

В 2013 и 2014 гг. 98% климатического финансирования в контексте развития было предоставлено ГЭФ. Фонд поддержал в Туркменистане два крупномасштабных проекта: один относится к энергоэффективности и возобновляемым источникам энергии в сфере управления водными ресурсами (и может также быть отнесен к водному сектору), второй – к условиям жизни и источникам доходов в сельской местности в контексте устойчивости к климатическим изменениям.

Основные направления политики Туркменистана в отношении смягчения последствий отражены в важнейших государственных программах: в первую очередь, в Стратегии социально-экономических преобразований Туркменистана на период до 2030 года и в Национальной стратегии Туркменистана в области изменения климата, которая также определяет возможные меры в сфере энергоэффективности. Сейчас правительство разрабатывает национальные планы приемлемых действий по смягчению последствий изменения климата. Хотя ПОНУВ включает целевые показатели по выбросам ПГ (недопущение роста выбросов до 2030 года), какие-либо цели в области энергоэффективности и возобновляемой энергии, имеющие обязательную силу, к концу 2014 года определены не были. Еще одним важным направлением Национальной стратегии в области изменения климата является адаптация к его последствиям. Стратегия будет осуществляться в рамках разрабатываемого сейчас Национального плана действий по адаптации, который должен стать неотъемлемой частью национальных программ и планов социально-экономического развития.

Рисунок 4.17. **Климатическое финансирование в контексте развития, выделенное Туркменистану в 2013-14 гг.**

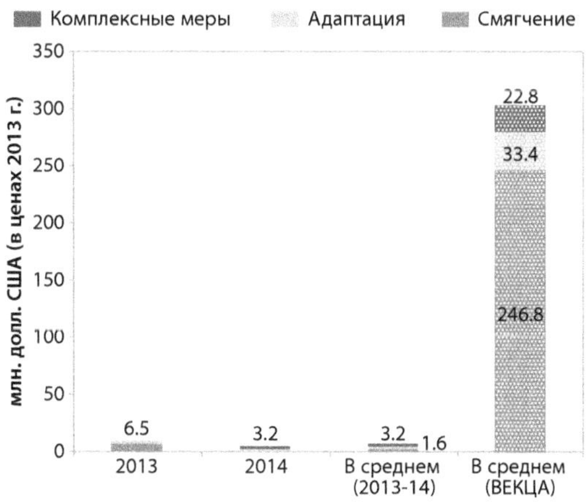

Рисунок 4.18. **Пять основных секторов в 2013-14 гг.**

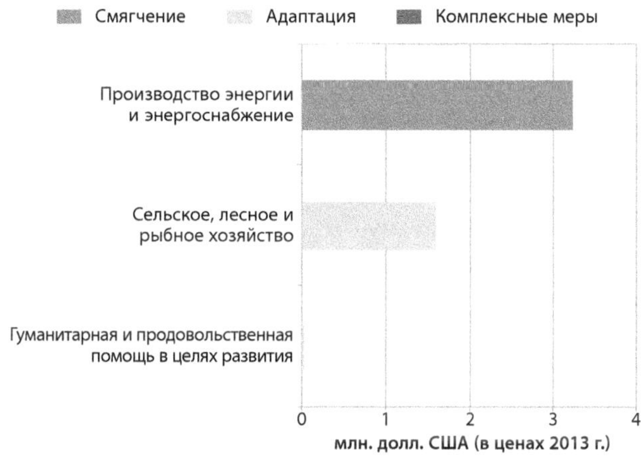

Примечание: климатическое финансирование в контексте развития = смягчение + адаптация – комплексное (смягчение и адаптация).

Источник: На основе данных OECD (2016).

Узбекистан

По состоянию на сентябрь 2016 года Узбекистан не представил свой ПОНУВ, однако правительство заявило, что Узбекистан будет сокращать выбросы ПГ, содействуя внедрению возобновляемых источников энергии и осуществляя меры в поддержку энергоэффективности, включая рациональное образование цен на энергоносители (Правительство Республики Узбекистан, 2009). К настоящему времени какие-либо количественные задачи в отношении выбросов ПГ, энергопотребления/энергоемкости и задействованных мощностей в области возобновляемой энергетики поставлены не были. Всесторонняя национальная политика в области адаптации к изменению климата также не сформирована.

В 2013–2014 гг. международное климатическое финансирование на цели смягчения последствий и адаптации для Узбекистана составило более 1 миллиарда долларов США в год – рекордная сумма для 11 стран ВЕКЦА (в среднем объем климатического финансирования составлял 303 млн долларов на страну). Япония поддержала два крупных проекта по строительству газовых электростанций; на эти проекты приходится 51% от общего объема финансирования, выделенного в течение рассматриваемого периода. Однако даже без этих двух проектов на реализацию климатических программ Узбекистану было выделено значительно больше средств, чем другим странам региона (около 500 млн долларов в год). Так, сельское хозяйство и водный сектор в совокупности получали 245 млн долларов в год на связанные с климатом проекты, в том числе в сфере адаптации.

В 2013 и 2014 годах значительное климатическое финансирование в контексте развития было предоставлено Узбекистану как из двусторонних, так и из многосторонних источников. Как уже отмечалось, крупнейшим из них в рассматриваемом периоде была Япония, выделявшая 540 млн долларов в год в форме льготных кредитов. Что касается многосторонних каналов, значительные средства в форме льготных и нельготных кредитов были выделены АБР, Группой Всемирного Банка и Исламским банком развития.

Для выполнения климатических проектов и более широких программ развития Узбекистан мобилизовал значительные объемы финансирования из внутренних источников. В середине 2006 года в стране был создан Фонд реконструкции и развития. К 2014 году активы Фонда составили 15 миллиардов долларов США; бóльшая часть активов находилась в управлении Центрального банка Республики Узбекистан. Фонд софинансировал ряд проектов, получавших международное климатическое финансирование. Кроме того, оператор объединенной энергосистемы «Узбекэнерго» разработал инвестиционные планы по повышению энергоэффективности и совершенствованию инфраструктуры энергетического сектора в целом на сумму 5 миллиардов долларов на период 2011–2015 гг. За охрану окружающей среды и природных ресурсов в Узбекистане отвечает Государственный комитет по охране природы, который взаимодействует с другими ведомствами в вопросах, касающихся изменения климата.

Рисунок 4.19. **Климатическое финансирование в контексте развития, выделенное Узбекистану в 2013-14 гг.**

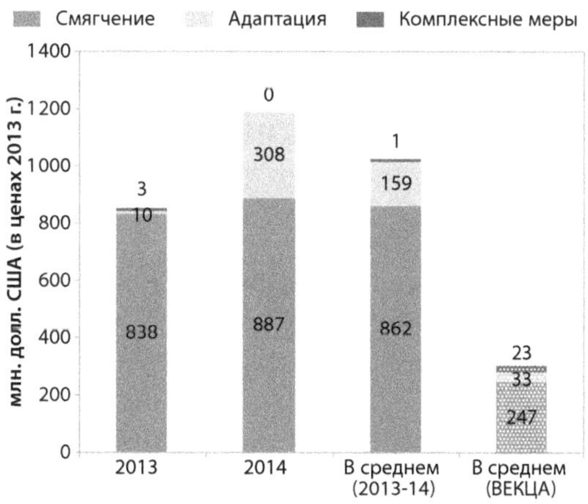

Рисунок 4.20. **Пять основных секторов в 2013-14 гг.**

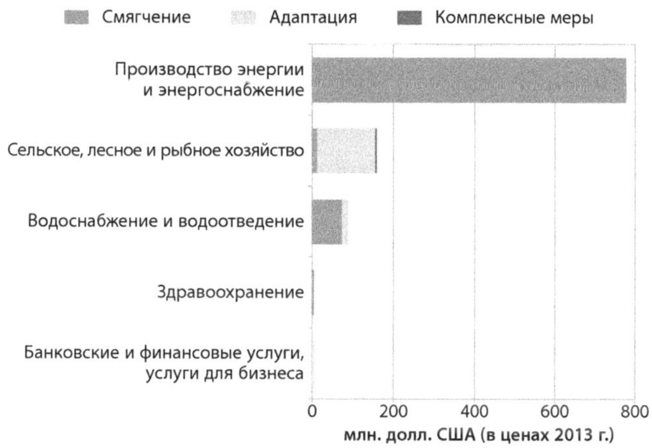

Примечание: климатическое финансирование в контексте развития = смягчение + адаптация – комплексное (смягчение и адаптация).

Источник: На основе данных OECD (2016).

Украина

ПОНУВ Украины ставит целью сокращение к 2030 году выбросов ПГ, включая землепользование, изменения в землепользовании и лесное хозяйство (ЗИЗЛХ), по меньшей мере на 40% по сравнению с уровнем 1990 года. ПОНУВ не определяет каких-либо плановых показателей или задач, связанных с адаптацией к изменению климата, однако говорит о том, что в среднесрочной перспективе адаптация будет рассматриваться как одинаково приоритетная со смягчением последствий (Правительство Украины, 2015).

В 2013 и 2014 гг. климатическое финансирование в контексте развития для Украины составляло почти 860 миллионов долларов США в год. Это значительно больше, чем в среднем по странам ВЕКЦА (303 млн долларов в год); в этом отношении Украина уступает только Узбекистану. Впрочем, в расчете на душу населения международное климатическое финансирование для Украины на 30% меньше, чем в среднем по странам ВЕКЦА: около 19 долларов на человека в год в Украине и 27 долларов в среднем в ВЕКЦА.

В 2013–2014 гг. почти 90% климатического финансирования предназначалось для сектора производства энергии и энергоснабжения. Доноры и финансовые учреждения предоставили значительные средства для проектов, связанных с энергоэффективностью и использованием возобновляемых источников энергии, (как на стороне производства, так и на стороне потребления), что обусловлено необходимостью повышения «углеродной эффективности» энергетического сектора Украины, который остается одним из самых энергоемких в мире. Вторым по объемам получаемой поддержки стал сектор, определяемый как «прочие отрасли». В этой сфере крупнейшими проектами, осуществляемыми при помощи МБР, стали проекты по развитию метрополитена и строительству железнодорожного тоннеля, которые также можно было бы отнести к транспортному сектору.

В 2013 и 2014 годах значительные объемы климатического финансирования, поступили как из двусторонних, так и из многосторонних источников: в течение этих двух лет наибольшие суммы были выделены ЕБРР, Группой Всемирного Банка, ЕИБ и Климатическими инвестиционными фондами, главным образом в форме нельготных кредитов. Двусторонние партнеры – ЕС, Германия, Дания, США, Швейцария, Швеция – также предоставили значительную помощь в виде грантов.

За разработку и реализацию государственной природоохранной политики, включая климатическую проблематику, отвечает Министерство экологии и природных ресурсов. В финансировании и выполнении климатических проектов участвуют и другие ведомства, структуры государственного финансирования – в частности, Государственное агентство по энергоэффективности и энергосбережению.

Рисунок 4.21. **Климатическое финансирование в контексте развития, выделенное Украине в 2013-14 гг.**

Рисунок 4.22. **Пять основных секторов в 2013-14 гг.**

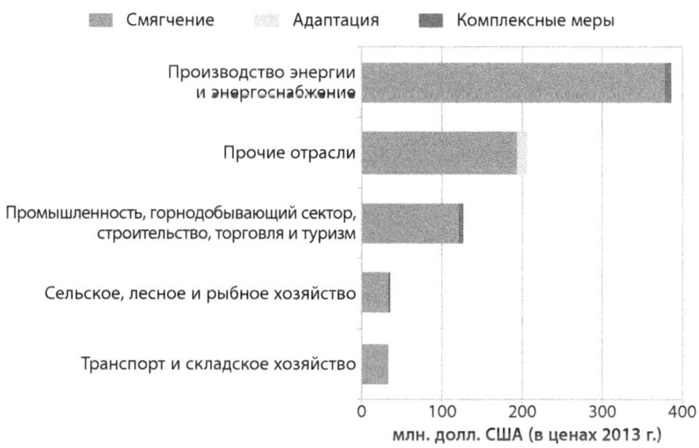

Примечание: климатическое финансирование в контексте развития = смягчение + адаптация – комплексное (смягчение и адаптация).

Источник: На основе данных OECD (2016).

Примечания

1. См. www.oecd.org/env/outreach/eap-tf.htm.

2. Дальнейшая информация: www.oecd.org/dac/stats/climate-change.htm; члены Комитета ОЭСР по помощи в целях развития: www.oecd.org/dac/dacmembers.htm.

Источники информации

Nachmany, M. et al. (2015), The 2015 Global Climate Legislation Study: Uzbekistan, Excerpt from the 2015 Global Climate Legislation Study A Review of Climate Change Legislation in 99 Countries *(Нахмани М. и др., 2015 г. «Климатическое законодательство в Узбекистане», отрывок из публикации «Анализ климатического законодательства в 99 странах мира, 2015 год»)*, Grantham Research Institute on Climate Change and the Environment, www.lse.ac.uk/GranthamInstitute/wp-content/uploads/2015/05/UZBEKISTAN.pdf (по состоянию на 24 октября 2016 г.).

OECD (2016), "Project-level Data for every Climate-related Development Finance Project in 2013-14", *Climate Change: OECD DAC External Development Finance Statistics* (database) *(ОЭСР, 2016 г. «Данные проектного уровня для всех проектов, получивших климатическое финансирование в целях развития в 2013-2014 гг.», Изменение климата: Статистика КСР по внешнему финансированию в целях развития, база данных)*, www.oecd.org/dac/stats/climate-change.htm (по состоянию на 24 октября 2016 г.).

PPCR (2015), Aide Memoire: Kyrgyz Republic – Pilot Program for Climate Resilience Joint Multilateral Development Bank Scoping Mission. Pilot Program for Climate Resilience (PPCR) of the Climate Investment Funds *(Пилотная программа по адаптации к изменению климата (PPCR) Климатических инвестиционных фондов, 2015 г. «Перспективы PPCR в Кыргызской Республике – оценка, выполненная многосторонними банками развития», памятная записка)* https://www-cif.climateinvestmentfunds.org/sites/default/files/meeting-documents/2015-10-26_kyrgyz_republic_ppcr_scoping_mission_draft_aide_memoire_final_-_en.pdf (по состоянию на 24 октября 2016 г.).

R2E2 (2014), "Scaling Up Renewable Energy Program (SREP): Investment Plan for Armenia", The Energy Saving and Renewable Energy Fund (R2E2), Minister of Energy and Natural Resources of Republic of Armenia *(Фонд возобновляемой энергетики и энергосбережения Армении (R2E2), 2014 г. «Программа развития возобновляемой энергетики в Республике Армения. Инвестиционный план для Армении»)*, Фонд R2E2 и Министр энергетических инфраструктур и природных ресурсов Республики Армения, www.r2e2.am/wp-content/uploads/2014/08/Armenia-SREP_2014.pdf (по состоянию на 24 октября 2016 г.).

Правительство Азербайджана (2016 г.). Первый двухгодичный отчет (дополненный) Азербайджанской Республики для РКИК ООН, http://unfccc.int/resource/docs/natc/aze_bur1_eng.pdf (по состоянию на 24 октября 2016 г.).

Правительство Азербайджана (2015 г.). Информация для Рамочной конвенции ООН об изменении климата (РКИК ООН) о Предполагаемом определяемом на национальном уровне вкладе (ПОНУВ) Азербайджанской Республики, http://www4.unfccc.int/submissions/INDC/Published%20Documents/Azerbaijan/1/INDC%20Azerbaijan.pdf (по состоянию на 24 октября 2016 г.).

Правительство Армении (2016 г.). Первый двухгодичный отчет (дополненный) Правительства Армении, http://unfccc.int/resource/docs/natc/armbur1.pdf (по состоянию на 24 октября 2016 г.).

Правительство Армении (2015 г.). Предполагаемый определяемый на национальном уровне вклад Республики Армения по Рамочной конвенции ООН об изменении климата, http://www4.unfccc.int/submissions/INDC/Published%20Documents/Armenia/1/INDC-Armenia.pdf (по состоянию на 24 октября 2016 г.).

Правительство Беларуси, (2015 г., a). Предполагаемый определяемый на национальном уровне вклад Республики Беларусь по РКИК ООН, http://www4.unfccc.int/submissions/INDC/Published%20Documents/Belarus/1/Belarus_INDC_Eng_25.09.2015.pdf (по состоянию на 24 октября 2016 г.).

Правительство Беларуси (2015 г., b). Шестое национальное сообщение Республики Беларусь для РКИК ООН, http://unfccc.int/resource/docs/2015/idr/blr06.pdf (по состоянию на 24 октября 2016 г.).

Правительство Грузии (2015 г.). Предполагаемый определяемый на национальном уровне вклад Грузии по РКИК ООН, Тбилиси, http://www4.unfccc.int/submissions/INDC/Published%20Documents/Georgia/1/INDC_of_Georgia.pdf (по состоянию на 24 октября 2016 г.).

Правительство Грузии (2016 г.). Первый двухгодичный отчет (дополненный) Грузии для РКИК ООН, http://unfccc.int/files/national_reports/non-annex_i_parties/ica/application/pdf/first_bur_-_georgia.pdf.

Правительство Казахстана (2016 г.). Двухгодичный отчет Республики Казахстан для РКИК ООН, http://unfccc.int/files/national_reports/biennial_reports_and_iar/submitted_biennial_reports/application/pdf/br-text_eng_kz.pdf (по состоянию на 24 октября 2016 г.).

Правительство Казахстана (2015 г.). Предполагаемый определяемый на национальном уровне вклад Республики Казахстан по РКИК ООН, http://www4.unfccc.int/submissions/INDC/Published%20Documents/Kazakhstan/1/INDC%20Kz_eng.pdf (по состоянию на 24 октября 2016 г.).

Правительство Кыргызстана (2015). Предполагаемый определяемый на национальном уровне вклад Кыргызской Республики по РКИК ООН, http://www4.unfccc.int/submissions/INDC/Published%20Documents/Kyrgyzstan/1/Kyrgyzstan%20INDC%20_ENG_%20final.pdf (по состоянию на 24 октября 2016 г.).

Правительство Молдовы (2016 г.). Первый двухгодичный отчет (дополненный) Республики Молдова для РКИК ООН, Министерство окружающей среды Республики Молдова, www.unfccc.int/essential_background/library/items/3599.php?rec=j&priref=7839#beg (по состоянию на 24 октября 2016 г.).

Правительство Молдовы (2015 г.). Предполагаемый определяемый на национальном уровне вклад Республики Молдова по РКИК ООН, http://www4.unfccc.int/submissions/INDC/Published%20Documents/Republic%20of%20Moldova/1/INDC_Republic_of_Moldova_25.09.2015.pdf (по состоянию на 24 октября 2016 г.).

Правительство Таджикистана (2015 г.). Предполагаемый определяемый на национальном уровне вклад Республики Таджикистан в достижение глобальных целей Рамочной конвенции ООН об изменении климата (РКИК ООН), http://www4.unfccc.int/submissions/INDC/Published%20Documents/Tajikistan/1/INDC-TJK%20final%20ENG.pdf (по состоянию на 24 октября 2016 г.).

Правительство Туркменистана (2015 г.). Предполагаемый определяемый на национальном уровне вклад Туркменистана в соответствии с Решением 1/CP.20 РКИК ООН, http://www4.unfccc.int/submissions/INDC/Published%20Documents/Turkmenistan/1/INDC_Turkmenistan.pdf (по состоянию на 24 октября 2016 г.).

Правительство Узбекистана (2009 г.). Второе национальное сообщение Республики Узбекистан для РКИК ООН, http://unfccc.int/resource/docs/natc/uzbnc2e.pdf (по состоянию на 24 октября 2016 г.).

Правительство Украины (2015 г.). Предполагаемый определяемый на национальном уровне вклад Украины по новому глобальному климатическому соглашению, http://www4.unfccc.int/submissions/INDC/Published%20Documents/Ukraine/1/150930_Ukraine_INDC.pdf (по состоянию на 24 октября 2016 г.).

ОРГАНИЗАЦИЯ ЭКОНОМИЧЕСКОГО СОТРУДНИЧЕСТВА И РАЗВИТИЯ

ОЭСР представляет собой уникальный форум, в рамках которого правительства совместно работают над решением экономических, социальных и экологических проблем, возникающих в условиях глобализации. ОЭСР также находится на переднем плане усилий, направленных на обеспечение понимания новых тенденций и оказание помощи правительствам в решении связанных с этим задач, таких как корпоративное управление, информационная экономика и проблемы стареющего населения. Организация предоставляет площадку, где правительства могут обмениваться своим опытом в области экономической политики, вести поиск решения схожих проблем, узнавать о положительном опыте других стран и координировать свою национальную и внешнюю политику.

К числу членов ОЭСР относятся Австралия, Австрия, Бельгия, Великобритания, Венгрия, Германия, Греция, Дания, Израиль, Ирландия, Исландия, Испания, Италия, Канада, Корея, Ла́твия, Люксембург, Мексика, Нидерланды, Новая Зеландия, Норвегия, Польша, Португалия, Словацкая Республика, Словения, Соединенные Штаты Америки, Турция, Финляндия, Франция, Чешская Республика, Чили, Швейцария, Швеция, Эстония и Япония. В работе ОЭСР также принимает участие Европейский Союз.

Издательство ОЭСР распространяет среди широкого круга пользователей статистическую информацию, собранную Организацией, и результаты исследований на экономические, социальные и экологические темы, а также конвенции, руководства и стандарты, принятые странами-членами.

OECD PUBLISHING, 2, rue André-Pascal, 75775 PARIS CEDEX 16
(97 2016 24 8 P) ISBN 978-92-64-28599-6 – 2017

www.ingramcontent.com/pod-product-compliance
Lightning Source LLC
LaVergne TN
LVHW080658011026
849160LV00014B/1475